Agile in der Unternehmenspraxis

Die Zugangsinformationen zum eBook inside finden Sie am Ende des Buchs.

Inge Hanschke

Agile in der Unternehmenspraxis

Fallstricke erkennen und vermeiden, Potenziale heben

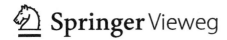

Inge Hanschke
Lean42 GmbH
München, Deutschland

ISBN 978-3-658-19157-3   ISBN 978-3-658-19158-0 (eBook)
https://doi.org/10.1007/978-3-658-19158-0

Die Deutsche Nationalbibliothek verzeichnet diese Publikation in der Deutschen Nationalbibliografie; detaillierte bibliografische Daten sind im Internet über http://dnb.d-nb.de abrufbar.

Springer Vieweg
© Springer Fachmedien Wiesbaden GmbH 2017
Das Werk einschließlich aller seiner Teile ist urheberrechtlich geschützt. Jede Verwertung, die nicht ausdrücklich vom Urheberrechtsgesetz zugelassen ist, bedarf der vorherigen Zustimmung des Verlags. Das gilt insbesondere für Vervielfältigungen, Bearbeitungen, Übersetzungen, Mikroverfilmungen und die Einspeicherung und Verarbeitung in elektronischen Systemen.
Die Wiedergabe von Gebrauchsnamen, Handelsnamen, Warenbezeichnungen usw. in diesem Werk berechtigt auch ohne besondere Kennzeichnung nicht zu der Annahme, dass solche Namen im Sinne der Warenzeichen- und Markenschutz-Gesetzgebung als frei zu betrachten wären und daher von jedermann benutzt werden dürften.
Der Verlag, die Autoren und die Herausgeber gehen davon aus, dass die Angaben und Informationen in diesem Werk zum Zeitpunkt der Veröffentlichung vollständig und korrekt sind. Weder der Verlag, noch die Autoren oder die Herausgeber übernehmen, ausdrücklich oder implizit, Gewähr für den Inhalt des Werkes, etwaige Fehler oder Äußerungen. Der Verlag bleibt im Hinblick auf geografische Zuordnungen und Gebietsbezeichnungen in veröffentlichten Karten und Institutionsadressen neutral.

Gedruckt auf säurefreiem und chlorfrei gebleichtem Papier

Springer Vieweg ist Teil von Springer Nature
Die eingetragene Gesellschaft ist Springer Fachmedien Wiesbaden GmbH
Die Anschrift der Gesellschaft ist: Abraham-Lincoln-Str. 46, 65189 Wiesbaden, Germany

Inhaltsverzeichnis

1	**Einleitung**		1
	1.1 Was ist „Agile"?		1
	1.2 Inhalt und Abgrenzung		3
	Literatur		4
2	**Agile im Überblick**		7
	2.1 Agile Grundwerte		7
	2.2 Agile Prinzipien		8
	2.3 Agile Methoden		9
	2.3.1 Scrum		9
	2.3.1.1 Was macht Scrum aus?		16
	2.3.1.2 Typische Fallstricke von Scrum		18
	2.3.2 Kanban		22
	2.3.2.1 Was macht Kanban aus?		25
	2.3.2.2 Typische Fallstricke von Kanban		27
	2.3.2.3 Unterschiede zwischen Scrum und Kanban		28
	2.4 Agile Techniken		30
	2.4.1 Management-Techniken		31
	2.4.1.1 Daily-Scrum		31
	2.4.1.2 Burn-down-Chart		32
	2.4.1.3 Definition-of-Done		33
	2.4.1.4 Sprint-Review		34
	2.4.1.5 Retrospektive		35
	2.4.1.6 Führungsphilosophie „Servant Leadership"		36
	2.4.2 Planungstechniken		37
	2.4.2.1 Planning Poker		38
	2.4.2.2 Planungs-Kick-off-Meeting		39
	2.4.2.3 Sprint-Planung		39
	2.4.2.4 Minimal Viable Product (MVP)		40
	2.4.2.5 User-Stories und Akzeptanztests		42
	2.4.2.6 Backlog-Grooming		46

		2.4.3	Softwareauslieferungsprozess	47
			2.4.3.1 Continuous Delivery	47
			2.4.3.2 DevOps	49
	Literatur.			52

3 Produkt-Owner ... 53
   3.1 Rolle Produkt-Owner ... 56
      3.1.1 Organisatorische Zuordnung des Produkt-Owners ... 57
      3.1.2 Kompetenzprofil eines Produkt-Owners ... 59
           3.1.2.1 Business-Analyse Fähigkeiten (siehe [1]) ... 61
   3.2 Systematisches Management der Geschäftsanforderungen ... 63
      3.2.1 Granularitäten von Anforderungen (siehe [1]) ... 66
      3.2.2 Scaled Agile Framework (SAFe®) ... 70
      3.2.3 Techniken für das systematische Management der Anforderungen ... 72
           3.2.3.1 Techniken zum Zerlegen von Anforderungen ... 73
           3.2.3.2 Backlog-Management ... 75
   Literatur ... 78

4 Agile Planung ... 79
   4.1 Planung im Überblick ... 79
   4.2 Planung im agilen Umfeld ... 82
   4.3 Agiler Festpreis ... 94
   Literatur ... 99

5 Agile Kultur ... 101
   5.1 Wie ist Ihre agile Kultur? ... 102
      5.1.1 Agile in hierarchischen Organisationen ... 104
      5.1.2 Soll-Vision Holacracy? ... 107
   5.2 Verankern von agilen Methoden in der Organisation ... 110
   5.3 Lean als Erfolgsvoraussetzung ... 116
   Literatur ... 121

Glossar ... 123

Literatur ... 127

Stichwortverzeichnis ... 129

Einleitung 1

Wenn es nicht nötig ist, etwas zu ändern, dann ist es nötig, es nicht zu ändern.

Alter Spruch (Quelle: aphorismen.de)

> **Zusammenfassung**
>
> Es ist keine Frage mehr, ob Agile oder nicht. Nicht immer werden aber die gewünschten Erfolge erzielt. Dies liegt häufig nicht am Verständnis über die agilen Methoden wie Scrum (Röpstorff S, Wiechmann R (2015) Scrum in der Praxis: Erfahrungen, Problemfelder und Erfolgsfaktoren, 2. Aufl. dpunkt.verlag GmbH, Heidelberg), sondern an der Strategie, dem Zusammenspiel mit den Planungs-, Entscheidungs- oder Durchführungsprozessen sowie insbesondere an der Unternehmensorganisation und -kultur. Daher liegt in diesem Buch der Schwerpunkt auf einer Sammlung von Tipps & Tricks, um agile Initiativen doch zum Erfolg zu führen, und nicht auf der Beschreibung der einzelnen Methoden. Zu Letzterem gibt es auch bereits zahlreiche Literatur. In diesem Kapitel finden Sie neben Literaturhinweisen einer Einführung zu Agile.

1.1 Was ist „Agile"?

Agiles Vorgehen ist in der Softwareentwicklung inzwischen state-of-the-art. Insbesondere das agile Vorgehensmodell Scrum [1] und dessen Evangelisten haben Agile zum Durchbruch verholfen. Durch überschaubare Liefereinheiten und schnelle Feedbackzyklen wird im Vergleich zu den schwerfälligen, wasserfallartigen Vorgehensmodellen ein Weg aufgezeigt, mit unscharfen Zielen und sich ändernden Anforderungen und Randbedingungen

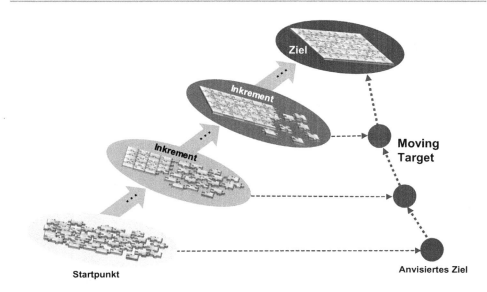

Abb. 1.1 Moving Target

umzugehen. Die Standish Group sieht in ihrem Chaos Report (https://www.infoq.com/articles/standish-chaos-2015) den Einsatz agiler Methoden als kritischen Erfolgsfaktor für Softwareprojekte.

▶ **Agilität beginnt im Kopf** Agilität geht einher mit „Agile Thinking". Es ist eine Grundhaltung, die verinnerlicht werden muss. Das Verständnis für agile Werte reift durch Erfahrung und Selbstreflektion.

Agile beginnt im Kopf. Enge Kommunikation mit allen Beteiligten, Transparenz über Visualisierung und Ergebnisorientierung sowie Trennung von alten Zöpfen und Formalien, wie z. B. unproduktive Meeting-Marathons oder regelmäßige Berichterstattung ohne klaren Nutzen.

Agile geht davon aus, dass Veränderungen nicht die Ausnahme, sondern die Regel darstellen. Die sich über die Zeit verändernden Ziele und Anforderungen werden durch das „**Moving Target**" (siehe Abb. 1.1) gut visualisiert. Am Anfang eines Projektes sind die Ziele, Anforderungen und Randbedingungen oft vage oder nicht bekannt. Der Kunde weiß häufig nicht genau, wie das Ergebnis im Detail aussehen soll. Die wirklichen Ziele und Anforderungen müssen durch Business-Analyse erst ermittelt und hinterfragt werden. Konkret „anfassbare" Ergebnisse, wie z. B. GUI-Prototypen oder Software-Releases, schaffen eine Grundlage für die Diskussion und Festlegung der Anforderungen. Dies sind einzelne Puzzlesteine vom Gesamtbild. Iteration für Iteration entstehen Inkremente, die das Puzzle schrittweise lösen.

Ziele, Anforderungen und Randbedingungen ändern sich über die Zeit. Neue Ziele, Anforderungen oder Randbedingungen kommen hinzu, Anforderungen werden verstanden und Lösungen werden greifbar.

1.2 Inhalt und Abgrenzung

Tab. 1.1 Agile Methoden und Literatur-Beispiele

Adaptive Software Development (u. a. Jim Highsmith)	[2]
Chrystal Methoden (Alistair Cockburn)	[3]
Dynamic System Development Method (Arie van Bennekum)	[4]
eXtreme Programming (u. a. Kent Beck)	[5]
Feature Driven Development (Jon Kern)	[6]
Pragmatic Programming (Andrew Hunt, Dave Thomas)	[7]
Clean Code und Refactoring	[8, 9]
Scrum (Mike Beedle, Ken Schwaber, Jeff Sufferland)	[1, 10–13]
Kanban (David Anderson)	[14]

Es gibt noch eine ganze Reihe weiterer aber relativ unbekannter Ansätze wie DAD (Disciplined Agile Delivery) oder AUP (Agile Unified Process). Diese sind wenig verbreitet.

Hier setzen agile Methoden an. Literatur hierfür gibt es zahlreich. So sind agile Vorgehensmodelle wie Scrum oder Kanban sehr gut beschrieben. Beispiele für Literatur in den verschiedenen Ansätzen zeigt Tab. 1.1.

Die aufgeführten agilen Methoden und Techniken werden im Folgenden nicht ausführlich beschrieben. Hier sei auf die angegebene Literatur verwiesen.

Agilität ist aber nicht nur ein Thema von Softwareentwicklungsprojekten, sondern vom ganzen Unternehmen. Nicht nur Anforderungen ändern sich, sondern gerade im Zuge der zunehmenden Digitalisierung verändern sich rasant die Geschäftsmodelle mit veränderten Kundengruppen, verschiedenen Kommunikationskanälen, Ökosystem der Partner, technischen Möglichkeiten, wie z. B. Big Data oder IoT, und die Arbeitswelt an für sich.

Nur durch ein schnelles Einstellen auf Veränderungen und vorausschauendes Agieren bleibt ein Unternehmen auf Dauer wettbewerbsfähig. Gepaart mit der Kompetenz in der Digitalisierung ebenso wie im Demand Management und der Softwareentwicklung sowie anderen Anwendungsbereichen. Die Kompetenz umfasst das Wissen, die Vorstellungskraft und das Urteilsvermögen über weitere Entwicklungen und deren Umsetzung im jeweiligen Kontext.

▶ **Agilität** Agilität ist die Fähigkeit sich auf alle Arten von Veränderungen einzustellen und Ziele, Inhalte, Organisation und Prozesse zeitgerecht anzupassen.

1.2 Inhalt und Abgrenzung

Schwerpunkt des Buchs sind prägnante Tipps & Tricks, da bei der Einführung von agilen Methoden und Techniken nicht immer die gewünschten Erfolge erzielt werden. Hierfür gibt es die unterschiedlichsten Gründe, z. B. organisatorische Randbedingungen wie ein traditionelles, hierarchisch geprägtes Unternehmen oder aber eine halbherzige Einführung. Dieses Buch widmet sich gerade diesen Fallstricken und gibt Hilfestellungen, diese zu umgehen. Agile wird hierbei nicht nur für Softwareprojekte, sondern auch für andere

Disziplinen betrachtet. Agile ist ein Erfolgsfaktor für alle Situationen, wo es gilt, sich schnell auf Veränderungen einzustellen. Dies ist z. B. gerade in der Digitalisierung oder Industrie 4.0 entscheidend.

Die verbreiteten agilen Methoden und Techniken für Softwareprojekte, wie z. B. Scrum und Kanban sowie DevOps werden im folgenden Kapitel im Überblick vorgestellt und typische Fallstricke aufgezeigt.

In den darauffolgenden Kapiteln finden Sie Tipps & Tricks für agile Fragestellungen in und außerhalb von Softwareprojekten. Sie bekommen unmittelbar anwendbare Leitfäden und Empfehlungen an die Hand. Folgende Schwerpunkte werden dabei gesetzt:

- Einbezug des Kunden im **agilen Demand Management**, um die wirklichen und priorisierten Anforderungen in der richtigen Granularität zeitgerecht zu identifizieren und angemessen zu beschreiben. Wesentlich ist hierbei insbesondere die Rolle des Produkt-Owners. Siehe hierzu Abschn. 3.1.
- **Agile in einem eher traditionellen, hierarchisch geprägten Unternehmen** erfolgreich einführen und trotz Widerständen zum Leben bringen und am Leben erhalten. Siehe hierzu Abschn. 5.1.1.
- **Agile Planung** im Vorfeld von und innerhalb von Projekten, um entsprechend den Erfordernissen des Planungshorizontes in einer passenden Granularität zeitgerecht eine belastbare („good enough") Aufwandsschätzung zu erstellen. Siehe hierzu Kap. 4.
- **Lean** als Erfolgsvoraussetzung, um den wirklichen Kundenwert zu identifizieren und schrittweise zu heben. Siehe hierzu Abschn. 5.3.

Nun schauen wir uns die agilen Grundwerte, Methoden und Techniken etwas näher an.

Literatur

1. Röpstorff S, Wiechmann R (2015) Scrum in der Praxis: Erfahrungen, Problemfelder und Erfolgsfaktoren, 2. Aufl. dpunkt verlag GmbH, Heidelberg
2. Highsmith JA (1999) Adaptive software development: a collaborative approach to managing complex systems, 1. Aufl. Dorset House Publishing Co Inc., New York
3. Cockburn A (2004) Crystal clear: a human-powered methodology for small teams: a human-powered methodology for small teams (agile software development), 1. Aufl. Addison-Wesley Professional, Harlow
4. Stapleton J, Constable P (1997) DSDM: Dynamic systems development method: the method in practice by Jennifer Stapleton, 1. Aufl. Addison-Wesley Professional, Harlow
5. Beck K, Andres C (2004) Extreme programming explained: embrace change: embracing change, 2. Aufl. Addison-Wesley Professional, Reading
6. Palmer SR (2002) A practical guide to feature-driven development, Ath Aufl. Prentice Hall, Upper Saddle River
7. Hunt A, Thomas D (1999) The pragmatic programmer: from journeyman to master, 1. Aufl. Addison-Wesley Professional, Reading

8. Martin RC (2008) Clean code: a handbook of agile software craftsmanship, 1. Aufl. Prentice Hall, Upper Saddle River
9. Fowler M, Beck K, Brant J, Opdyke W, Roberts D, Gamma E (1999) Refactoring: improving the design of existing code, 1. Aufl. Addison-Wesley, Reading
10. Sutherland J (2014) Scrum: a revolutionary approach to building teams, beating deadlines and boosting productivity, 1. Aufl. Cornerstone Digital, London
11. Larman C, Vodde B (2016) Large-Scale scrum: more with LeSS, 1. Aufl. Addison-Wesley Professional, Boston
12. Leffingwell D (2016) Scaled agile framework reference guide: scaled agile framework® for lean software and systems engineering, 1. Aufl. Addison-Wesley, Boston
13. Glogger B, Margetich J (2014) Das Scrum-Prinzip – Agile Organisationen aufbauen und gestalten. Schäffer-Poeschel Verlag, Stuttgart
14. Skarin M (2015) Real-world kanban: do less, accomplish more with lean thinking, 1. Aufl. O'Reilly UK Ltd, Frisco

Agile im Überblick 2

> **Zusammenfassung**
>
> Ausgehend vom **Agilen Manifest** haben sich agile Methoden in Softwareprojekten durchgesetzt. Im Folgenden finden Sie einen Überblick über agile Grundwerte und Prinzipien sowie die wesentlichen Methoden und Techniken, wie Scrum, Kanban und DevOps mit ihren Fallstricken.

2.1 Agile Grundwerte

Die agilen Werte Selbstverpflichtung, Mut, Fokus, Offenheit und Respekt zusammen mit dem agilen Manifest von 2001 bilden die Eckpfeiler für das agile Vorgehen. Zu den Unterzeichnern zählen neben den Scrum-Größen wie Mike Beedle, Ken Schwaber und Jeff Sutherland andere wichtige Wegbereiter wie Kent Beck, Ron Jeffries, Ward Cunningham und James Grenning (XP[1]), Alistair Cockburn (Crystal), Arie van Bennekum (DSDM[2]), Martin Fowler (Clean Code und Refactoring), Jon Kern (FDD[3]), Brian Marick (Agile Testing), Dave Thomas und Andrew Hunt (Pragmatic Programmer), Jim Highsmith (Adaptive Software Development), Robert C. Martin und Dave Thomas (Ruby on Rails) sowie Steve Mellor.

---

[1] XP – eXtreme Programming.
[2] DSDM – Dynamic Systems Development Method.
[3] FDD – Feature Driven Development.

▶ **Manifest für Agile Softwareentwicklung** Wir erschließen bessere Wege, Software zu entwickeln, indem wir es selbst tun und anderen dabei helfen. Durch diese Tätigkeit haben wir diese Werte zu schätzen gelernt:

- **Individuen und Interaktionen** mehr als Prozesse und Werkzeuge
- **Funktionierende Software** mehr als umfassende Dokumentation
- **Zusammenarbeit mit dem Kunden** mehr als Vertragsverhandlung
- **Reagieren auf Veränderung** mehr als das Befolgen eines Plans

Das heißt, obwohl wir die Werte auf der rechten Seite wichtig finden, schätzen wir die Werte auf der linken Seite höher ein. Siehe www.agilemanifesto.org.

Das Agile Manifest gibt eine Orientierung vor, die durch agile Prinzipien sowie agile Methoden und Techniken operationalisiert werden. Diese schauen wir uns im Folgenden etwas näher an.

2.2 Agile Prinzipien

Agile Prinzipien setzen Leitplanken für die tägliche Praxis. Im agilen Manifest werden zwölf Prinzipien aufgelistet (siehe www.agilemanifesto.org/principles.html), die ein Gefühl für „Agile Thinking" geben.

1. Unsere höchste Priorität ist es, den Kunden durch frühe und kontinuierliche Auslieferung wertvoller Software zufrieden zu stellen.
2. Heiße Anforderungsänderungen selbst spät in der Entwicklung willkommen. Agile Prozesse nutzen Veränderungen zum Wettbewerbsvorteil des Kunden.
3. Liefere funktionierende Software regelmäßig innerhalb weniger Wochen oder Monate und bevorzuge dabei die kürzere Zeitspanne.
4. Fachexperten und Entwickler müssen während des Projektes täglich zusammenarbeiten.
5. Errichte Projekte rund um motivierte Individuen. Gib ihnen das Umfeld und die Unterstützung, die sie benötigen und vertraue darauf, dass sie die Aufgabe erledigen.
6. Die effizienteste und effektivste Methode, Informationen an und innerhalb eines Entwicklungsteams zu übermitteln, ist im Gespräch von Angesicht zu Angesicht.
7. Funktionierende Software ist das wichtigste Fortschrittsmaß.
8. Agile Prozesse fördern nachhaltige Entwicklung. Die Auftraggeber, Entwickler und Benutzer sollten ein gleichmäßiges Tempo auf unbegrenzte Zeit halten können.
9. Ständiges Augenmerk auf technische Exzellenz und gutes Design fördert Agilität.
10. Einfachheit – die Kunst, die Menge nicht getaner Arbeit zu maximieren – ist essentiell.
11. Die besten Architekturen, Anforderungen und Entwürfe entstehen durch selbstorganisierte Teams.
12. In regelmäßigen Abständen reflektiert das Team, wie es effektiver werden kann und passt sein Verhalten entsprechend an.

Tab. 2.1 Template für Prinzipien (siehe [1])

Prinzip <Name des Prinzips>	
Beschreibung	<Beschreibung des Prinzips>
[Begründung]	<Erläuterungen zum Prinzip, d. h. „Warum dieses Prinzip?">
[Voraussetzungen]	<Voraussetzungen für die Anwendung>
[Anwendungskontext]	<Ausschluss oder Einschluss von Anwendungsfeldern, z. B. Anwendung in Scrum-Projekten>
Anwendungshinweise	<Hinweise zur Anwendung wie z. B. erforderliche Aktivitäten im Projekt>

▶ **Maßgeschneiderte Prinzipien** Entwickeln Sie für sich auf Ihre Ziele, Randbedingungen und Ihren Sprachgebrauch zugeschnittene Prinzipien. Stellen Sie das Commitment von allen wesentlichen Entscheidern und Schlüsselpersonen sicher und verankern Sie die Prinzipien in Ihren Prozessen (siehe Abschn. 5.3).

Nutzen Sie für die Dokumentation Ihrer Prinzipien das Template (siehe Tab. 2.1). Optionale Bestandteile werden durch eckige Klammern markiert.

Mit Hilfe maßgeschneiderter Prinzipien in Ihrem Sprachgebrauch, auf die sich „alle" committen, machen Sie einen ersten Schritt in Richtung einer gemeinsamen Denkweise. Durch die Verankerung in den Prozessen z. B. durch Aufnahme von Feedback-Schritten in Projektvorgehensmodellen „erzwingen" Sie die Einhaltung der Prinzipien. Letzteres ist gerade in angstgeprägten Absicherungskulturen erfolgsentscheidend.

In Tab. 2.2 finden Sie ein Beispiel für spezifische Prinzipien (siehe [2]), in dem sowohl die aufgeführten agilen Prinzipien als auch weitere z. B. aus dem Lean-Kontext aufgehen.

Die agilen Prinzipien stehen häufig in Konflikt mit der bestehenden Unternehmenskultur. Daher ist ein gesteuerter Veränderungsprozess in Richtung einer agilen Organisation wichtig. Siehe hierzu Kap. 5 und Abschn. 5.3.

2.3 Agile Methoden

Es gibt zahlreiche agile Methoden (siehe Abschn. 1.1). Scrum ist die mit Abstand bekannteste Methode. Die letzten Jahre hat sich zudem eine starke Kanban-Fraktion gebildet. Daher werden diese beiden Methoden im Folgenden kurz mit ihren Vor- und Nachteilen vorgestellt.

2.3.1 Scrum

Scrum hat eine hohe Verbreitung. Viele setzen sogar Agile mit Scrum gleich. Scrum ist zumeist die Antwort auf die Frage mit welchem Vorgehensmodell in Softwareentwicklungsprojekten gearbeitet wird. Zu Beginn der 1990er-Jahre begann die Erfolgsgeschichte

Tab. 2.2 Beispiele für Prinzipien (siehe [2])

Prinzip **Kundenorientierung**	
Beschreibung	Der Kunde steht im Mittelpunkt. Die Produkte und Leistungen werden auf die Bedürfnisse des Kunden zugeschnitten, sodass er die richtigen Leistungen zur richtigen Zeit, in der notwendigen Qualität und zum adäquaten Preis erhält. Qualität ist dabei neben Funktionalität und Usability ein wesentlicher Kundennutzen. Der Kunde definiert den Wert des Produkts oder der Leistung Änderungen der Anforderungen des Kunden sind explizit willkommen In Scrum-Projekten ist der Kunde durch den Produkt-Owner vertreten. Fachliche Entscheidungen obliegen dem Produkt-Owner
Anwendungshinweise	Das Produkt-Backlog wird vom Produkt-Owner auf der Granularität Investitionsthema, Epic und (Teil-)Feature gefüllt und priorisiert (siehe Kap. 3). Für alle (Teil-)Features legt er Abnahmekriterien und für User-Stories Akzeptanzkriterien fest Der Produkt-Owner stimmt sich mit allen fachlichen Schlüsselpersonen und Entscheidern regelmäßig ab, stellt Inkremente vor und hinterfragt, ob ggf. Änderungen notwendig sind In Scrum-Projekten steht er als Ansprechpartner für fachliche Fragen zur Verfügung. Wöchentlich wird ein vorbereitetes Backlog-Grooming (siehe Abschn. 2.4) mit dem kompletten Scrum-Team mit einer festen Agenda durchgeführt. Soweit organisatorisch möglich, ist der Arbeitsplatz des Produkt-Owner beim Scrum-Team
Prinzip **Frühe und kontinuierliche Auslieferung**	
Beschreibung	Die frühe und kontinuierliche Auslieferung von werthaften Ergebnissen (Inkrementen) ist entscheidend, um schnelles Feedback zu erhalten und so mit dem „Moving Target" umzugehen. Werthafte Ergebnisse setzen voraus, dass das Ergebnis (z. B. Software) funktionsfähig ist. Die Auslieferungen müssen in kurzen Zeitspannen z. B. wenige Wochen erfolgen Das Minimum Viable Product (MVP) mit nur den nötigsten Funktionen ist in den ersten Iterationen anzustreben. Auf dieser Basis kann der Produkt-Owner Feedback von den Kunden einholen. So kann das MVP erweitert und verbessert werden
Anwendungshinweise	Die Inhalte der Lieferinkremente werden in der Iterationsplanung mit dem Produkt-Owner auf der Basis des priorisierten Produkt-Backlogs und des Sprint-Backlogs festgelegt. Die Auslieferung ist erst dann abgeschlossen, wenn die Akzeptanzkriterien der umgesetzten User-Stories und alle Kriterien der Definition-of-Done erfüllt sind Für Scrum-Projekte wird die Iterationsdauer auf 3 Wochen festgelegt (siehe Abschn. 2.3.1). Techniken, wie Continuous Delivery und DevOps (siehe Abschn. 2.4), finden Anwendung Der Projektfortschritt wird über ein Taskboard und Burndown-Charts hergestellt (siehe Abschn. 2.4)

(Fortsetzung)

2.3 Agile Methoden

Tab. 2.2 (Fortsetzung)

Prinzip **Agile & Lean Thinking**	
Beschreibung	Die ständige Verbesserung muss das tägliche Denken bestimmen. Ein aktives Feedbackmanagement und Lernprozesse sind, neben überschaubaren beherrschten Schritten, die wesentlichen Säulen der kontinuierlichen Verbesserung. Überschaubare, beherrschte Schritte sind notwendig, um schnell zu Ergebnissen zu kommen, für die Feedback eingeholt werden kann, und dann auf diesem sicheren Terrain das Erreichte über den nächsten Schritt weiter auszubauen. So nimmt einerseits die Gesamtumsetzungsgeschwindigkeit durch die schnellen, sicheren Schritte zu und andererseits steigt die Motivation durch den ständigen Fortschritt. So können die Geschäftsprozesse und die Organisation entsprechend des Feedbacks und der Erfahrungen kontinuierlich und agil optimiert werden. Feedback wird explizit zu jedem Ergebnis und jeder Aktivität eingeholt. Jeder Mitarbeiter muss einen Beitrag zur ständigen Verbesserung zielgerichtet auf die Umsetzung der Unternehmensstrategie und der Geschäftsanforderungen leisten. Die Führungskräfte benötigen Fingerspitzengefühl und einen langen Atem, um die traditionellen Denk- und Arbeitsstrukturen und die Kultur nachhaltig zu verändern. (siehe [2]) Jedes Teammitglied muss eigenverantwortlich handeln und sich persönlich zu Kundennutzen und Qualität verpflichten, um die wirklichen Anforderungen der Kunden zu ermitteln und für die Kunden zufriedenstellende angemessene Lösungen oder Produkte wirtschaftlich bereitzustellen. Over-Engineering wird so vermieden und Qualitätsmanagement wird so von jedem Mitarbeiter als „Standardaufgabe" durchgeführt. Eigenverantwortung schafft darüber hinaus Freiraum für Innovationen und steigert die Mitarbeitermotivation. Aus dem Spaß an der Arbeit resultiert Mehrleistung für das Unternehmen und für deren Kunden. (siehe [2]) Wichtig ist dabei, dass allen Teammitgliedern die Unterstützung gegeben wird, die sie benötigen, um ihre Aufgaben zu erledigen
Anwendungshinweise	Im Leadership-Training ist das Vorleben der Werte – insbesondere die respektvolle, direkte persönliche und offene Kommunikation – ein wesentlicher Bestandteil neben dem Empowerment und dem nicht-Einmischen bei der Selbstorganisation der Teams Ein wesentlicher anderer Aspekt ist die Feedback-Kultur, die explizit über z. B. Reviews oder Retrospektiven in den Vorgehensmodellen für Projektentwicklung und Wartung vorgesehen werden müssen. In regelmäßigen Abständen reflektiert das Team, wie es effektiver werden kann

(*Fortsetzung*)

Tab. 2.2 (Fortsetzung)

Prinzip **Null-Fehler-Prinzip**	
Beschreibung	Wie ist die Offenheit für Fehler? Beim Null-Fehler-Prinzip ist es wichtig, dass es erlaubt ist Fehler zu machen. Durch Selbstreflektion und Abstellen der Fehlerursachen lernen die Beteiligten. Gleichartige Fehler werden zukünftig vermieden. Voraussetzung ist jedoch eine offene Leistungskultur. Es ist wichtig, dass Fehler zu Tage treten dürfen und nicht verschwiegen oder vertuscht werden müssen, weil sie eine Offenbarung des Versagens sind. Wenn Versagens- oder Existenzängste mit Fehlern verbunden sind und Mitarbeiter im schlimmsten Falle befürchten müssen, als Schuldiger geopfert zu werden, funktioniert dieses Prinzip nicht. (siehe [2]) Wichtig für Softwareentwurf und -realisierung sind das Streben nach technischer Exzellenz und gutem Design sowie eine persönliche Verpflichtung zu Qualität. Getreu dem Grundsatz „Mache es direkt von Anfang an richtig und so sparst Du aufwändige Fehlerkorrekturen". Qualitätsmanagement wird so für jeden Mitarbeiter eine „Standardaufgabe"
Anwendungshinweise	In der Definition-of-Done (siehe Abschn. 2.4.1.3) werden sowohl die Einhaltung der Akzeptanzkriterien als auch weiterer Qualitätskriterien festgelegt, die bei der jeder Auslieferung eingehalten werden müssen
Prinzip **Einfachheit**	
Beschreibung	Agiere getreu dem Zitat von Albert Einstein „Man muss die Dinge so einfach wie möglich machen. Aber nicht einfacher." Wesentlich ist hierfür die Spreu vom Weizen zu trennen und die wirklichen Anforderungen zu identifizieren und angemessene Lösungen bereitzustellen Maßstab ist der Geschäftswert für den und Zufriedenheit des Kunden. Dies schließt eine Aufwand-Nutzen-Abwägung des Kunden mit ein. Das heißt eine für den Kunden nutzenbringende angemessene Lösung, die möglichst wirtschaftlich bereitzustellen ist, ist anzustreben. Over-Engineering wird so vermieden
Anwendungshinweise	„Was kann weggelassen werden?" ist hier die entscheidende Frage, die beim Backlog-Grooming, beim Refactoring und bei Reviews gestellt werden muss. So kann einerseits das Minimum Viable Product (MVP) ermittelt werden und andererseits der Kundenwert hinterfragt werden

von Scrum. Das erste Buch erschien 2001. In den ersten Jahren beschränkte sich die Beliebtheit auf Softwareentwickler. Inzwischen ist Scrum als „Wunderwaffe" auch im Management angekommen. Das Management verspricht sich von Scrum kurze time-to-market und höhere Kundenorientierung, Produktivität sowie Mitarbeiterzufriedenheit. Häufig wird dies aber zumindest nicht vollständig erzielt.

Scrum ist ein leichtgewichtiges, einfach zu verstehendes aber schwierig zu meisterndes Rahmenwerk zur (Weiter-)Entwicklung qualitativ hochwertiger, komplexer Produkte. Der

2.3 Agile Methoden

Scrum-Guide enthält die Regeln von Scrum mit den Beziehungen und Wechselwirkungen zwischen den Rollen, Aktivitäten und Aktivitäten (siehe http://www.scrumguides.org/docs/scrumguide/v2016/2016-Scrum-Guide-German.pdf). Schwierig zu meistern ist Scrum, weil erfolgreiche Anwendung das Verinnerlichen der Philosophie erfordert und dies bei allen Beteiligten. Dies erfordert einen langen Veränderungsprozess an sich selbst und im Unternehmen.

> „We are using Scrum, BUT without …" Im Unternehmenskontext gibt es in der Regel nach einiger Zeit ein an die individuellen Ziele und Randbedingungen angepasstes Scrum. Startpunkt ist in der Regel Scrum im Standard. Aufgrund von Erfahrungen u. a. aus der Retrospektive sollten dann bewusst Entscheidungen für Prozessverbesserungen und damit für die Adaption an den konkreten Kontext gefällt werden.
> Hier gibt es ein schönes Zitat von Unbekannt: „Wer nach einem Jahr noch Scrum im Standard anwendet, macht was falsch".

Kern von Scrum sind kurze (unter einem Monat) Entwicklungsiterationen – sogenannte „Sprints" – mit klaren Zielvorgaben und regelmäßigen Feedbackschleifen. Zu Beginn einer Projektphase werden in der Sprint-Planung, gemeinsam mit dem Produkt-Owner, die im Sprint umzusetzenden Features (Eigenschaften aus Sicht des Kunden) aus dem Produkt-Backlog ausgewählt bzw. heruntergebrochen, sodass diese in einem Sprint umsetzbar sind, und Akzeptanzkriterien dazu festgelegt. Daraus werden im Team Arbeitspakete (Tasks) ermittelt, priorisiert und für alle transparent über das Sprint-Backlog sowie das Scrum-Board visualisiert. Die Arbeitspakete werden während des Sprints nicht modifiziert, um seine Fertigstellung nicht zu gefährden.

Das Sprint-Backlog ist der in der Sprint-Planung festgelegte Plan, der im nächsten Sprint zu erledigenden Aufgaben. Es beinhaltet heruntergebrochene Produkt-Backlog-Einträge, die für den Sprint ausgewählt wurden. Das Sprint-Backlog wird kontinuierlich von jedem Teammitglied am Scrum-Board aktualisiert und visualisiert.

Auch das Produkt-Backlog ist nicht statisch und erhebt auch keinen Anspruch auf Vollständigkeit. Im Rahmen vom fachlichen Klärungsprozess werden Anforderungen verändert, neue hinzugefügt oder bestehende Anforderungen heruntergebrochen. Das Produkt-Backlog beinhaltet fachliche Anforderungen auf verschiedenen Granularitäten. Es wird vom Produkt-Owner gepflegt. Dieser priorisiert die Einträge z. B. nach wirtschaftlichem Nutzen, Risiko und Dringlichkeit. Eintragungen mit der höchsten Priorität müssen auch zuerst im Sprint umgesetzt werden. Die am höchsten priorisierten Einträge werden so weit heruntergebrochen, dass sie im nächsten Sprint umsetzbar sind. Um dies und die fachliche Sicht besser zu unterstützen werden diese prioren Anforderungen als Produkteigenschaften in Form von User-Stories dokumentiert (siehe Abschn. 2.4.2.5).

Das Scrum-Team bearbeitet die Arbeitspakete aus dem Sprint-Backlog eigenverantwortlich und ohne Störungen von außen. Täglich wird der aktualisierte Restaufwand im Sprint-Backlog von den Teammitgliedern dokumentiert. Weiterhin wird täglich im streng auf 15 min begrenzten Daily-Scrum-Meeting Zwischenergebnisse vorgestellt und Probleme besprochen. So weiß jeder im Team, woran der andere zuletzt gearbeitet hat und was er als nächstes angeht sowie welche Probleme es eventuell gibt. Ergebnis des Sprints ist eine vollständig fertige und potenziell produktiv einsetzbare Funktionalität (Increment of Potentially Shippable Product), welche die Akzeptanzkriterien des Produkt-Owners erfüllt. Durch die Definition-of-Done wird festgelegt, was unter vollständig zu verstehen ist. Am Ende eines Sprints werden in der Sprint-Retrospektive Ergebnis, Prozess und Zusammenarbeit reflektiert und daraus Verbesserungspotenzial abgeleitet.

Scrum unterscheidet drei Rollen:

- **Produkt-Owner – der Business-Analyst für das Produkt**[4] – ist fachlich verantwortlich für das Produkt. Er repräsentiert den oder die Kunden und fungiert als Brücke zwischen den Fachbereichen und der IT. Er nimmt Anforderungen auf, strukturiert, klassifiziert, analysiert und priorisiert sie. Er managt den Produkt-Backlog und verantwortet das Backlog-Grooming. Er wirkt bei der Sprint-Planung mit und stellt Akzeptanzkriterien für die User-Stories auf. Er trifft zeitnah die fachlich notwendigen Entscheidungen und steht als Ansprechpartner für fachliche Fragen zur Verfügung.
- **Scrum-Master – der Servant Leader** (siehe Abschn. 2.4.1.6) **für das Scrum-Team** – managt den Scrum Prozess und beseitigt Hindernisse. Er schützt das Scrum-Team vor unnötigen Störungen von außen, moderiert bei Bedarf die Meetings, hilft in methodischen Fragen, coacht das Team und verbessert kontinuierlich den Scrum-Prozess. Der Scrum-Master ist nicht weisungsbefugt, sorgt jedoch dafür, dass der Scrum-Prozess eingehalten wird.
- **Scrum-Team – das Entwicklungsteam** – ist gemeinschaftlich für die regelmäßige Lieferung der produktiv einsetzbaren Inkremente verantwortlich. Das Scrum-Team ist ausgestattet mit allen erforderlichen Kompetenzen. Die konsequente Anwendung des Rahmenwerkes führt dazu, dass ein Scrum-Team Risiken schneller reduziert und früher wertvollere Produkte liefert. Das Scrum-Team organisiert sich selbst und ist autorisiert, alles Zielführende zu tun, um das angestrebte Ergebnis zu erreichen.

Der Scrum-Prozess (siehe Abb. 2.1) ist das Herzstück von Scrum. Dieser startet nach der Initialisierungsphase, in dem das Scrum-Projekt aufgesetzt wird. Dies ist quasi der Scrum Projektauftrag mit u. a. Vision, Business-Case, vertraglichen Klärungen, Stakeholder-Analyse, Teamaufstellung und initialen Produkt-Backlog und Releaseplanung. Nach der Initialisierungsphase beginnt in kurzen Zyklen von einer bis vier Wochen, der Sprint, die Umsetzung mit den in Abb. 2.1 benannten Aktivitäten und Meetings:

- **Sprint-Planung** zu Beginn jedes Sprints
  Es dauert einen Tag (Time-Box 8 h) und dient dazu, die Arbeitspakete für das Scrum-Team, den Sprint-Backlog zu schnüren. User-Stories aus dem Produkt-Backlog werden

---

[4] Unter (IT-)Produkt wird in diesem Kontext eine oder mehrere Applikationen und deren Schnittstellen sowie deren Services verstanden, die fachlich eng zusammenhängen.

2.3 Agile Methoden

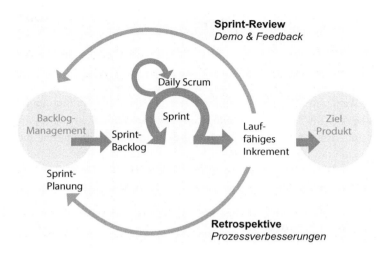

Abb. 2.1 Scrum-Prozess

ausgewählt und in Aufgaben (Tasks) heruntergebrochen. Hieraus werden vom Team die Arbeitspakete für den Sprint selbstorganisierend ausgewählt. Das Team verpflichtet sich, diese im nächsten Sprint abzuschließen. Siehe Technik Sprint Planning Meeting in Abschn. 2.4.1.3.

- **Daily-Scrum** ist ein maximal 15-minütiges Meeting zur gegenseitigen Information und Abstimmung im Team. Das Meeting findet an allen Tagen des Sprints, außer dem ersten und letzten, zur selben Zeit am Morgen statt. Jedes Teammitglied beantwortet die Fragen, welche Aktivitäten abgeschlossen wurden, welche Aufgaben heute anstehen und welche Behinderungen es gibt. Siehe Technik Daily-Scrum und Standup-Meeting in Abschn. 2.4.1.1
- **Sprint-Review** am Ende jedes Sprints. Hier präsentiert das Team dem Produkt-Owner und allen interessierten Stakeholdern die Ergebnisse live am System und sammelt Feedback. Dies können Meinungen, Verbesserungsvorschläge, Lob und Kritik sein. Der Produkt-Owner prüft die fertiggestellten Funktionalitäten entsprechend der Akzeptanzkriterien. Falls der Produkt-Owner nicht zufrieden ist, muss das Produktinkrement nachgebessert werden. Dies resultiert in neue Aufgabenpakete, die in die Sprint-Planung einfließen. Einen Leitfaden für einen möglichen Ablauf eines Sprint-Reviews finden Sie in Abschn. 2.4.1.4.
- **Retrospektive** zur Verbesserung des Scrum-Prozesses (siehe Abschn. 2.4.1.5). Hier geht es darum aus der Vergangenheit zu lernen. Alle Teammitglieder bewerten, was gut und was schlecht gelaufen ist, und leiten daraus Verbesserungspotenziale ab.

Nach Projektstart steckt der Scrum-Master mit dem Scrum-Team die Rahmenbedingungen und die initialen Rituale ab. Beispiele hierfür sind Klärungen, wann genau das Daily-Scrum stattfindet oder welche Konventionen und Schnittstellen für die Inbetriebnahme eingehalten werden müssen. Wichtig ist hier, dass ein gemeinsames Verständnis im Projektteam entsteht. In der ersten Sprint-Planung wird der Arbeitsvorrat für das Team für den ersten Sprint geplant und damit der Prozessablauf initialisiert und der Projektfortschritt insbesondere über das Scrum Task-Board sowie das Burn-down-Chart (siehe Abschn. 2.4.1.2) visualisiert.

Welche agile Techniken Einzug halten, entscheidet das Scrum-Team. Viele Teams nutzen XP-Praktiken wie Pair Programming, Test-Driven-Development und Continuous Delivery (siehe Abschn. 2.4.3.1) und häufig auch Kanban-Techniken (siehe Abschn. 2.3.2).

Scrum ist für Teams mit einer Größe von drei bis neun Personen konzipiert. Größere Softwareprojekte oder räumlich verteilte Projekte können mit Scrum-of-Scrum oder mit Aufsätzen, wie z. B. das Scaled Agile Framework (siehe [3]) oder Large-Scale-Scrum (LeSS siehe [4]), durchgeführt werden.

2.3.1.1 Was macht Scrum aus?

Scrum hebt sich von klassischen Vorgehensmodellen durch folgende Merkmale ab:

- **Enge Einbindung des Kunden**
  Der Kunde, vertreten durch den Produkt-Owner, ist von Anfang an und kontinuierlich im Prozess eingebunden.
- **Kleine Iterationen anstelle großer Projektplan**
  Scrum fokussiert sich auf kurze Planungs- und Umsetzungsintervalle. Damit können flexibel strategische, fachliche und technische Veränderungen berücksichtigt werden. Am Ende jedes Sprints müssen sichtbare und entsprechend der Definition-of-Done (siehe Abschn. 2.4.1.3) fertige Ergebnisse vorgezeigt werden. Zugleich lautet eine wichtige Scrum-Regel, während der Umsetzung eines laufenden Zyklus keine Änderungen vorzunehmen.
- **Visualisierung über Scrum-Board und Burn-down Chart („gelebte Transparenz")**
  Der Arbeitsvorrat, die Aufgaben der einzelnen Teammitglieder und der Status der Abarbeitung ist für alle Beteiligten transparent.
- **Keine feste Zuteilungen von Aufgaben**
  Aus dem gemeinsam definierten Arbeitsvorrat auf dem Scrum-Board wählen die Scrum-Teammitglieder ihre nächsten Aufgaben aus.
- **Scrum-Master anstelle Projektleiter**
  In Scrum-Projekten gibt es keinen klassischen Projektleiter als Chef oder im herkömmlichen Sinn. Die Aufgabe des Scrum-Master (siehe Abschn. 2.4.1.6) ist es, das Team nach Kräften zu unterstützen, für den reibungslosen Ablauf zu sorgen und Steine aus dem Weg zu räumen. Ein kooperativer Führungsstil ist gefragt.
- **Collective Ownership**
  Das ganze Team ist für den Code und alle Artefakte verantwortlich. Jedes Teammitglied darf an allen Codezeilen ändern. So gibt es auch keinen klassischen Softwarearchitekten, der die Architektur „bestimmt".

2.3 Agile Methoden

Die Verbesserung im Vergleich zu klassischen Vorgehensweisen basiert insbesondere auf:

A. **Visualisierung:** Fortschritt und Hindernisse eines Projektes werden regelmäßig und für alle sichtbar auf dem Scrum-Board, im Sprint-Backlog und im Impediment-Backlog festgehalten.
B. **Kurze Iterationen (Sprints):** Überschaubare Planungs- und Steuerungseinheiten
   - Anforderungen werden nur für den nächsten Sprint verfeinert. Veränderte Anforderungen lassen sich in weiteren Sprints berücksichtigen.
   - Jeder Sprint hat ein „zeigbares" werthaftes Ergebnis.
   - Über das Burn-down-Chart wird die Velocity und damit der Fortschritt sichtbar.
C. **Schnelle Feedback-Zyklen:** Durch die kontinuierliche Auslieferung von Inkrementen und das Feedback über die enge Zusammenarbeit mit dem Produkt-Owner, das Sprint-Review sowie die Retrospektive ist der Feedback-Prozess operationalisiert. Durch Techniken wie Rapid Protoyping oder Test-Driven-Development werden viele Fehler frühzeitig erkannt und behoben.

▶ **Fehlerkultur** „Welcome changes early and often, even late in development" ist eines der wesentlichen agilen Prinzipien. Es geht darum, schlichtweg zu akzeptieren, dass Änderungen die Regel und nicht die Ausnahme sind und, dass jeder Fehler macht. Fehler dürfen nicht als Scheitern bewertet werden. Es geht darum eine Fehlerkultur zu schaffen, in der es gewünscht ist, Fehler aufzudecken und daraus zu lernen.

Scrum lebt von den festen Ritualen, wie z. B. Daily-Scrum. Das stringente Regelwerk mit der klaren Rollenverteilung und festen Spielregeln verhilft zu einem geordneten Prozessablauf. Eine Routine stellt sich über die wiederkehrenden Abläufe (wie z. B. Sprint-Planung, Daily-Scrum und Retrospektive) ein. Dies ist umso wichtiger, je mehr Personen und Teams beteiligt sind. Dies unterstützt den Wandel in Richtung „Agile Thinking".

Wenn in einem Scrum-Projekt die ideale Teamgröße von sieben Teammitglieder deutlich überschritten ist, gibt es verschiedene Skalierungsmöglichkeiten mit mehreren Teams. Die Teams werden hierbei so gebildet, dass diese möglichst unabhängig voneinander sind. Ein Ansatz hierfür ist eine fachliche Komponentenbildung (siehe [5]). So kann der übergreifende Aufwand für die Koordinierung reduziert werden. Jedes Team hat seinen eigenen Scrum-Master und Sprint-Backlog sowie ein gemeinsames Produkt-Backlog.

- **Scrum-of-Scrums**
  Neben dem Daily-Scrum gibt es einen Scrum-of-Scrums. Jedes Team entsendet im Anschluss an das Daily-Scrum ein Mitglied an das Scrum-of-Scrums. Es erfolgt analog wie im Daily-Scrum ein Abgleich in diesem Fall über übergeordnete Themen. Scrum-of-Scrums kann bei sehr großen Teams auch mehrstufig erfolgen.

- **Large-Scale-Scrum** (LeSS)
  LeSS ist eine Lösung, um mit mehreren Scrum-Teams an einem gemeinsamen Produkt zusammenzuarbeiten. Hierzu wird das Sprint-Review gemeinsam durchgeführt. Retrospektiven gibt es sowohl in jedem Team als auch gemeinsam. Das Produkt-Backlog-Refinement (siehe Abschn. 3.2.3.2 und 2.4.2.6) und die Sprint-Planung findet übergeordnet gemeinsam statt und wird dann für die verschiedenen Teams verfeinert. Für alle Teams gibt es einen Produkt-Owner. Dies ist ein Erfolgsfaktor für LeSS. Zudem gibt es eine übergreifende Teamkoordination (z. B. Scrum-of-Scrums).

Deshalb ist Scrum für große und komplexe Projekte geeignet.

Die Meetings sind bei Scrum aber auch ein Zeitfresser. Bei kleinen Projekten mit wenigen Mitarbeitern, die in einem Raum sitzen, braucht es keine zusätzlichen Meetings, da das Team ohnehin direkt miteinander kommuniziert. Hier gibt es Pluspunkte bei Kanban (Abschn. 2.3.2).

Für große und komplexe Projekte wird häufig das aktuell am detailliertesten beschriebene Rahmenwerk für Agilität im Großen, das Scaled Agile Framework (Abkürzung SAFe®), genutzt. SAFe® ist ein umfangreiches Framework, das agiles Vorgehen auf die Programm- und Portfolio-Ebene erweitert und so für große Organisationen handhabbar macht. Die hierzu erforderlichen Strukturen, Rollen, Prozesse und Artefakte werden im Framework beschrieben. Siehe hierzu die Webseite des Frameworks http://scaledagileframework.com/. Auf der Teamebene kann neben Scrum auch z. B. Kanban eingesetzt werden. Weitere Informationen hierzu finden Sie in Abschn. 3.2.2.

Nun schauen wir uns die typischen Fallstricke von Scrum an.

2.3.1.2 Typische Fallstricke von Scrum

Häufig kommt die Einführung von Scrum in Unternehmen nach den ersten Pilotprojekten ins Stocken. Hierfür gibt es unterschiedliche Gründe. Typische Herausforderungen bei der Anwendung von Scrum sind:

- **Unternehmenskultur Agile Thinking**
  Die Philosophie hinter Scrum und agilen Vorgehen allgemein ist häufig auch nach Jahren nicht beim Management und bei Schlüsselpersonen z. B. im Fachbereich oder Einkauf verstanden oder verinnerlicht und wird nicht gelebt. Insbesondere in Unternehmen mit angstgeprägter Absicherungskultur sind viele Widerstände mit großem Kraftaufwand zu überwinden, um schrittweise zu einer offenen und wertschätzenden Leistungs- und Feedbackkultur zu kommen.
  Anzeichen dafür sind:
  - Produkt-Owner steht nicht ausreichend zur Verfügung.
  - Kein guter Draht zwischen Kunden bzw. Produkt-Owner und Scrum-Team.
  - Scrum-Master hat viele Hindernisse außerhalb im Projekt zu beseitigen, wie z. B. Eskalationen oder Sicherstellung von Zulieferungen.
  - Scrum-Master als Einzelkämpfer in den Management-Reihen.

2.3 Agile Methoden

- Management oder Scrum-Master „regiert" rein aufgrund Positions- bzw. Hierarchie- und nicht Rollen-Denkweise.
- Aussagen, wie „Dafür bin ich nicht zuständig!"
- Ignoranz gegenüber agilen Werten, z. B. „Ich weiß besser als der Produkt-Owner, was sinnvollerweise umzusetzen ist."
- Agile wird mit planlos gleichgesetzt.

- **Scrum „Basics" werden nicht beherrscht oder nicht angewendet**
  Scrum lebt vom stringenten Regelwerk mit der klaren Rollenverteilung und den festen Spielregeln. Ohne diesen geordneten Prozessablauf kommen die Vorteile von Scrum (siehe oben) nicht zum Tragen.
  Anzeichen dafür sind:
  - Nicht alle festen Elemente von Scrum (siehe Abb. 2.1) werden genutzt. Häufig werden nur einzelnen Teile eingesetzt, wie z. B. Verwendung von Daily-Scrum, und Weglassen von Elementen wie z. B. Burn-down-Charts.
  - Entartete Meeting-Kultur mit unvorbereiteten Meetings ohne klare Agenda, nicht festgelegte Start- und Endzeiten, ohne Moderation oder endlose Diskussionen ohne Time-Boxen.
  - Kunde bzw. Produkt-Owner ist nicht im Sprint-Review und Retrospektive dabei.

- **Rolle Scrum-Master wird nicht verstanden oder gelebt**
  Die Rolle des Scrum-Masters unterscheidet sich erheblich von der eines Projektleiters. Der Scrum-Master soll das Team unterstützen und Probleme aus dem Weg räumen. Er gibt keine Aufgaben oder Richtlinien vor. Dies stellt gerade Organisationen, in denen die klassische Projektabwicklung und die Rolle des Projektleiters etabliert ist, vor Herausforderungen.
  Anzeichen dafür sind:
  - Scrum-Master agieren als klassische Projektmanager
  - Jedoch: Das Scrum-Team organisiert sich selbst. Der Scrum-Master sollte wie ein „Servant Leader" (siehe Abschn. 2.4.1.6) agieren. Dies setzt das Verinnerlichen der Scrum-Philosophie voraus.
  - Scrum-Master erheben sich zum „Aufseher" über die Entwickler und bewegen z. B. Entwickler zu mehr technischen Qualitätsmaßnahmen.
  - Stattdessen: Technische Schulden, wie z. B. versäumte Refactorings oder schlechte Architekturen werden durch Scrum sichtbar. So wird die Team-Geschwindigkeit geringer, der Burndown-Graph stagniert und viel zu große Schätzwerte für einfache Features zeigen Probleme, die in der Retrospektive besprochen und gelöst werden müssen.

- **Rolle Produkt-Owner ist nicht adäquat besetzt oder wird nicht gelebt**
  Der Produkt-Owner ist fachlich verantwortlich für das Produkt und legt die fachliche Anforderungen und die Prioritäten im Produkt-Backlog fest. Seine Rolle (siehe Abschn. 3.1.2) ist sehr anspruchsvoll. Er muss sowohl Fachexperte als auch ein erfahrener Business-Analyst sein und über ausreichend technisches Know-how verfügen, um mögliche Lösungen einschätzen zu können. Zudem muss er fachliche Entscheidungen, d. h. Inhalte und Prioritäten, treffen können und dürfen sowie für Rückfragen für

das Projektteam zu Verfügung stehen (Kunden vor Ort – „On-Site-Customer"). Dieses hohe Skill-Profil gepaart mit Entscheidungskompetenzen oder Nähe zu Entscheidern und ausreichender zeitlicher Verfügbarkeit findet man in der Praxis sehr selten.
Anzeichen dafür sind:
- Produkt-Owner steht zeitlich nicht ausreichend oder nicht zeitnah für das Projektteam zur Verfügung, da er im Tagesgeschäft oder bei anderen Projekten gebunden ist. So steht er nicht ausreichend oder zeitnah für Anforderungsklärung oder Fragen zur Verfügung.
- Produkt-Owner sitzt nicht beim Scrum-Team.
- Produkt-Owner hat keine Entscheidungskompetenzen und kann erst nach Rücksprache mit dem oder Genehmigung vom fachlichen Entscheider fachliche Anforderungen und Prioritäten committen. Dies führt häufig zu Verzögerungen bis hin zum Leerlauf und Demotivation im Scrum-Team. Er wird zwischen Kunden und dem Entwicklungsteam zerrieben, da er seine Rolle auch mit großen persönlichen Anstrengungen nicht ausfüllen kann.
- Backlog ist nicht gut gepflegt. Beschreibung, Granularität oder/und Vollständigkeit lassen zu wünschen über oder aber es gibt keine klare oder uneindeutige Priorisierung.
- Produkt-Owner ist keine Einzelperson. Mehrere fachliche Verantwortliche bringen ihre Anforderungen ein. Eine übergeordnete Priorisierung fehlt.
- Produkt-Owner steht nicht ausreichend oder zeitnah für Rückfragen oder für das fachliche Testen zur Verfügung.
- Die wirklichen zukünftigen Anwender werden nicht oder nicht ausreichend einbezogen.

- **Erfahrene Full-Stack-Entwickler (Generalisten) nicht ausreichend vorhanden**
Das gesamte Team sollte in Scrum idealerweise funktionsübergreifend mit dem Code und den Konzepten („kollektive Code und Konzept Ownership") vertraut sein. Durch Techniken, wie Pair Programming und ständigem Wissensaustausch und gegenseitigen Schulungen soll dies gewährleistet werden. Häufig sind jedoch Experten mit ausreichend Kompetenzen, insbesondere in Softwarearchitekturen, Entwicklungstechniken und -methoden, rare Ressourcen. Ein Aufbau der erforderlichen Lösungs- und technischen Fähigkeiten ist nicht innerhalb weniger Wochen oder Monate möglich.
Anzeichen dafür sind:
- Schlüssel-Know-how-Träger kommen nicht zu ihren eigentlichen Aufgaben.
- Velocity reduziert sich im Projektverlauf, wenn z. B. Teammitglieder Aufgaben nicht bewältigen.
- Arbeitspensum wird von unerfahrenen Scrum-Teammitgliedern falsch eingeschätzt. Verschärft wird dies durch den Umstand, dass bei Scrum Sprints nicht abgebrochen oder verlängert werden dürfen.

- **Es „hakt" zwischen Softwareentwicklung und IT-Betrieb**
Häufig sind der IT-Betrieb und die Softwareentwicklung organisatorisch getrennt und ggf. sogar in unterschiedlichen Unternehmen (Outsourcing) angesiedelt. Die Abläufe

2.3 Agile Methoden

im IT-Betrieb laufen klassisch geplant entsprechend der ITIL®-Prozesse (siehe [5]). Die schnelle Inbetriebnahme von Inkrementen bereitet häufig enorme Probleme. Zwischen der Softwareentwicklung und dem IT-Betrieb besteht quasi eine Kunden-Lieferanten-Beziehung mit klar definierten SLAs. Die Ziele unterscheiden sich. In der Softwareentwicklung „Time-to-Market" und kurze Releasezyklen und im IT-Betrieb Stabilität, Sicherheit und Verfügbarkeit und z. B. lediglich zwei Releases pro Jahr.
Typische Anzeichen sind:
- Jede Übergabe an den Betrieb hat eine Vorlaufzeit und einen festen Fahrplan und feste Zeitfenster für die Inbetriebnahme.
- Die Kommunikation zwischen Softwareentwicklung und IT-Betrieb ist eingeschränkt. Es besteht wenig Verständnis für die jeweiligen Aufgaben und Ziele.
- Gegenseitige Schuldzuweisungen bei Fehlern zwischen Softwareentwicklung und IT-Betrieb.
- Projektteam ist nach Übergabe an Betrieb bereits aufgelöst. Mitarbeiter im Betrieb finden nur mit Mühe Ansprechpartner für offene Fragen aus der Entwicklung.

- **Klassische Festpreisprojekte mit fest definiertem Lieferumfang, Zeit und Kosten** (siehe Abschn. 3.2.3)
Kunden wollen häufig Planungssicherheit durch ein Festpreisprojekt, in dem vorab Inhalte, Aufwände und eine Zeitplanung festgelegt werden. Agiles Vorgehen und ein fester vorab definierter Liefer- und Kostenumfang verträgt sich jedoch nicht. Agiles Planen und der agile Festpreis (siehe Abschn. 3.2.3) schaffen zwar auch eine Planungssicherheit, werden aber häufig noch etwas argwöhnisch betrachtet und d. h. klassische Festpreise gefordert.
Typische Anzeichen sind:
- Forderung nach umfangreichen Lasten- und Pflichtenheften.
- Einkauf besteht auf klassische Festpreis-Verträge.
- Vorgesetzte bestehen auf klassisches Projekt-Reporting.

- **Outsourcing bzw. verteilte Teams und Scrum**
In der globalisierten Welt sind verteilte Teams zunehmend die Regel und nicht eine Ausnahme. Teile eines Teams arbeiten z. B. in Deutschland und andere in Großbritannien und Indien. Dies ist alles andere als einfach, insbesondere, wenn unterschiedliche Kulturen mit unterschiedlichen Werten und Verhaltensmustern aufeinandertreffen. Häufig fehlen die Voraussetzungen für eine echte kooperative und effiziente Zusammenarbeit.
Typische Anzeichen sind:
- E-Mail „Ping-Pong" anstelle von persönlicher telefonischer oder Online-Meeting-Kommunikation.
- Keine gemeinsamen Organisations- oder Produktivitäts-Tools, wie z. B. Jira oder Trello.
- Keine ausreichende Berücksichtigung der unterschiedlichen Zeitzonen.
- Sprachliche und/oder kulturelle Barrieren.

- **„Fehlende Definition-of-Done"** (siehe [6])
Die Definition-of-Done legt fest, wann eine User-Story als „umgesetzt" gilt. Hierzu gibt es eine Reihe von Fertigstellungskriterien (siehe Abschn. 2.4.1.3). Diese bilden die

Grundlage für die Überprüfung, wann die Umsetzung ordnungsgemäß erfolgt ist. Häufig fehlen solche Fertigstellungskriterien.

Typische Aussagen sind bei fehlender Definition-of-Done:
- „Das Feature ist zu 90 % fertig. Ich muss nur noch …."
- „Die Qualitätssicherung erfolgt erst morgen. Getestet ist aktuell noch nichts."

Für alle Fallstricke gibt es Lösungsansätze in den folgenden Abschnitten und Kapiteln. Zuvor schauen wir uns aber Kanban etwas genauer an.

2.3.2 Kanban

Kanban ist ein beliebtes Framework in der agilen Softwareentwicklung. Der Kanban-Ansatz stammt ursprünglich aus Japan aus dem Bereich der Lean Production. Ende der 1940er-Jahre begann Toyota mit der Optimierung seiner Fertigungsprozesse mit u. a. „Just in Time"-Fertigung (JIT). Ziel war es die Durchlaufzeiten bei der Autoproduktion durch insbesondere klare Zuständigkeiten zu reduzieren. Auch das Wort Kanban stammt aus dem japanischen und ist zusammengesetzt aus „KAN", dem Visualisieren, und „BAN", der Karte oder Tafel.

Agile Softwareentwicklungsteams nutzen heute dieselben JIT-Grundsätze, indem sie die Anzahl der Work-in-Progress-Aufgaben der Kapazität des Teams zuordnen. So kann das Team flexibler planen, Aufgaben schneller erledigen, eine klare Fokussierung erreichen und für Transparenz im gesamten Entwicklungszyklus sorgen.

In den vergangenen Jahren wurde Kanban immer mehr als Methode in der Softwareentwicklung bzw. für das evolutionäre Change-Management eingesetzt, um Arbeitsprozesse und Probleme transparenter zu machen. Im Zentrum der Methode steht eine Kultur der kontinuierlichen Verbesserung (KVP). Durch die Visualisierung und Limitierung parallel bearbeitbarer Aufgaben über das Kanban-Board werden Probleme und Engpässe schnell sichtbar.

Auf dem Kanban-Board sind auf Karten die zu erledigenden Arbeitspakete notiert. Die Karten durchlaufen verschiedene Phasen der Wertschöpfungskette, des Arbeitsprozesses, vom Backlog bis hin zu abgeschlossen (DONE). Typischerweise verwendet man dazu ein Whiteboard mit Haftnotizen und/oder ein elektronisches Kanban-System. Ein Beispiel eines Kanban-Boards finden Sie in Abb. 2.2.

Kanban basiert auf einer einfachen Idee. Die Anzahl gleichzeitig bearbeitbarer Arbeitspakete pro Phase der Wertschöpfungskette wird begrenzt auf das, was tatsächlich abgearbeitet werden kann. Dies resultiert aus der Engpasstheorie. Die Gesamtleistung eines Systems wird immer durch den Engpass limitiert. Der begrenzende Faktor kann z. B. die Anzahl der Experten sein.

Die Karte stellt ein visuelles Signal dar. Die Karten, d. h. die Arbeitspakete, werden je nach Stand der Arbeit in die nächste Phase gezogen. Anhand des Kanban-Boards erkennt man deutlich, wo sich die Arbeit staut, ob ein Kollege Hilfe benötigt oder ob auf Arbeitspakete gewartet wird. Blockierte Arbeitspakete verstopfen den Arbeitsfluss. Die Blockaden müssen aufgelöst werden, um den Durchsatz, also die Fertigstellung möglichst vieler

2.3 Agile Methoden

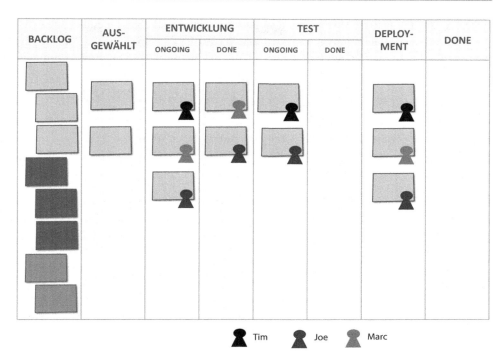

Abb. 2.2 Beispiel Kanban-Board

Arbeitspakete mit hoher Qualität und Kundenwert, nicht zu gefährden. Dies wirkt auch lokalen Optimierungen vor. Wenn z. B. versucht wird, durch Code in schlechter Qualität, die lokale Durchlaufzeit zu verbessern, wirkt sich dies für alle mittelfristig sichtbar in mehr Nacharbeiten aus.

Bei Kanban arbeitet man strikt nach dem Pull-Prinzip. Arbeitspakete werden nicht zugewiesen, sondern eigenverantwortlich von den Teammitgliedern vom Kanban-Board in die nächste Phase gezogen, wenn noch Platz ist. Das Team organisiert sich selbst. Es gibt keinen Master, der alles überwacht.

Bei Kanban gibt es vergleichsweise einfache Regeln:

1. Visualisiere den Arbeitsfluss am Kanban-Board.
2. Starte mit neuen Arbeitspaketen erst, wenn Du ein anderes erledigt hast.
3. Arbeite nach dem „Pull-Prinzip". Hole das am höchsten priorisierte Arbeitspaket vom vorhergehenden Status auf dem Kanban-Board und schiebe die Kanban-Karte weiter.
4. Begrenze die Anzahl an Arbeitspaketen in Bearbeitung (Work in Progress kurz WIP).
5. Messe die Durchlaufzeit und finde Wege, die Durchlaufzeit zu verringern.
6. Mache die Regeln für den Prozess, wie z. B. Definition of Done, explizit.
7. Unterstütze und fördere Prozessverbesserungen von jedem Teammitglied.
8. Implementiere explizite Feedback-Prozesse; idealerweise von der gesamten Organisation.

Engpässe, Warteschlangen, Schwankungen und Ausschuss sind ebenso deutlich am Kanban-Board für alle Teammitglieder und externe Stakeholder sichtbar wie die Auswirkungen von Aktionen oder Untätigkeit. Dies regt zu Diskussionen über mögliche Lösungen oder Verbesserungsvorschläge an:

- Verkürzung von Durchlaufzeiten
- Erkennen und Beseitigen von Engpässen
- Abbau der Überlastung einzelner Mitarbeiter oder ganzer Teams
- Vorhersagbarkeit des Prozesses an für sich verbessern und damit eine bessere Abschätzung für zukünftige Aufgaben erreichen

Die damit gewonnene Transparenz unterstützt zudem eine Verhaltensänderung.

Das kontinuierliche Verbessern („Kaizen") ist ein grundlegendes Lean Prinzip. Besondere Aufmerksamkeit hat die Durchlaufzeit. Nach dem stochastischen Gesetz „Little's Law" lässt sich die Durchlaufzeit leicht verkürzen, indem die Anzahl begonnener Arbeitspakete reduziert wird. Die Durchlaufzeit errechnet sich nach Little's Law als Quotient aus dem Work in Progress (WIP) und dem Durchsatz (Anzahl fertiggestellter Karten). Je weniger verschiedene Arbeitspakete pro Teammitglied anstehen, je weniger Kontextwechsel mit dem dafür erforderlichen Zeitaufwand zum Wiederhineindenken und Qualitätseinbußen sind notwendig. Die richtige Zahl an Arbeitspakete vermeidet zudem auch Überlastung von Mitarbeitern.

Für das „Kaizen" werden häufig die folgenden Techniken genutzt:

- **Tägliche Standup-Meetings** als Feedback-Meetings vor dem Kanban-Board (ähnlich wie Daily-Scrum)
  Bei diesem Meeting geht das Team im Stehen, damit das Meeting möglichst kurzgehalten wird (zirka 15 min), gemeinsam die Tickets auf dem Board durch, um einen gemeinsamen Informationsstand zu erreichen und mögliche Blockaden zu lösen. Längere Diskussionen müssen ausgelagert werden.
- **Arbeits-Reviews** zur Reflektion des aktuellen Arbeitsprozesses und um Problemen auf den Grund zu gehen und Verbesserungsmöglichkeiten zu identifizieren. Beispiele für Fragen sind hier: „Was können wir tun, um die Durchlaufzeit zu verkürzen?" und „Wie können wir die Qualität erhöhen, um Nacharbeiten zu vermeiden?".
  Im Unterschied zu Retrospektiven finden Arbeits-Reviews unregelmäßig statt und es wird versucht, dass Teilnehmer aus der gesamten Organisation inklusive Management und nicht nur das Entwicklungsteam teilnehmen.
- **Steuerungsinstrumentarium mit Messgrößen für die Durchlaufzeit, Fehlerraten oder Termintreue**
  Beispiele:
  - **Messgröße durchschnittliche Durchlaufzeit eines Arbeitspaketes**
    Die Durchlaufzeit ist die Zeit, die für ein Arbeitspaket benötigt wird, vom Ziehen der Kanban-Karte vom Produkt-Backlog bis zur Auslieferung.

2.3 Agile Methoden

Die Kernfrage des kontinuierlichen Verbesserungsprozesses bei Kanban ist: „Was können wir tun, um die Durchlaufzeit noch weiter zu verkürzen?"
Viele Probleme, wie schlechte Qualität, werden offenbart, sobald man die Durchlaufzeit verringert, da z. B. der Aufwand für die Nacharbeiten dann im Fokus steht.

— **Messgröße Anzahl der Blockaden**
Hierunter verbirgt sich die Frage, an wie vielen Tickets momentan nicht weitergearbeitet werden kann.

Lean Methoden streben an, die Durchlaufzeiten für einzelne Arbeitspakte sowie die Qualität der Arbeitsergebnisse zu optimieren, um den Wert für den Kunden zu erhöhen. Die Auslastung von Mitarbeitern ist dagegen kein explizites Ziel. Dies kann ggf. zu Leerlaufzeiten für einzelne Mitarbeiter führen.

Engpässe z. B. aufgrund von Know-how-Defizit werden im Workflow über das Board sichtbar. Zur Beseitigung werden Techniken, wie z. B. Code-Reviews, Pair Programming oder Mentoring eingesetzt, um ihr Wissen zu verteilen. Das gesamte Team ist für einen reibungslosen Ablauf verantwortlich.

Die Anwendungsbereiche von Kanban in der IT sind sehr vielfältig. Kanban findet insbesondere auch in der Wartung und im IT-Betrieb sowie in administrativen Prozessen Anwendung, die durch starke Arbeitsteilung und Spezialisierung gekennzeichnet sind.

2.3.2.1 Was macht Kanban aus?

Kanban besticht durch seine Einfachheit. Das Kanban-Board ist omnipräsent. Es dient als direkt und mittelbar einsehbare Kommunikationsgrundlage für das Team und zeigt den Status der Abarbeitung. Deshalb lässt sich Kanban auch in den unterschiedlichsten Kontexten einsetzen: Von der Entwicklung, der Wartung und dem IT-Betrieb bis hin zum persönlichen Zeitmanagement.

Das physische oder virtuelle Kanban-Board und die Kanban-Karten für die Visualisierung von Aufgaben und des Workflows stehen hierbei im Mittelpunkt. Wichtig ist die Zugänglichkeit für alle Teammitglieder. Bei verteilten Teams ist daher ein virtuelles Kanban-Board unerlässlich. Nur so werden die Hindernisse und Probleme sichtbar und können beseitigt werden.

Ein einfaches Kanban Board teilt die Workflow Schritte wie beispielsweise Entwicklung, Test, Deployment und Done. Je nach Einsatzzweck, Größe und Verteiltheit eines Teams kann der Workflow an die spezifischen Bedürfnisse angepasst werden. Die Teammitglieder entnehmen aus dem priorisierten Produkt-Backlog aus dem oberen Bereich ihr nächstes Aufgabenelement, sobald sie ihr Aufgabenelement abgeschlossen haben. Im Unterschied zu Scrum, sind hier keine Iterationen mit fester Länge erforderlich.

Die Kanban-Karten beinhalten alle wesentlichen Informationen der jeweiligen Aufgabe. Dies sind u. a. Verantwortlichkeiten, Inhalt und Schätzung der Bearbeitungsdauer sowie weiterer Informationen, wie z. B. Screenshots und andere technische Details.

Von der Grundkonfiguration her, werden bei Kanban-Systemen alle Karten nach dem FIFO-Prinzip (First In – First Out) abgearbeitet. Das heißt die Karten, die zuerst von der ersten Station erledigt wurden, werden auch zuerst vor der nächsten Station bearbeitet. Oft haben aber Tickets unterschiedliche Wichtigkeit oder Dringlichkeit. Daher wird häufig zwischen Prioritäten unterschieden, wie z. B.:

- **Ausnahme**
  Tickets mit sehr hoher Priorität, wie z. B. bei Störungen bei geschäftskritischen Funktionen. Tickets dieser Priorität können dazu führen, dass das Team seine aktuelle Arbeit stoppt, um dieses Ticket abzuarbeiten.
- **Fester Termin**
  Wenn eine Funktionalität zu einem fixen Termin, wie z. B. bei einer Gesetzesänderung, benötigt wird, dann werden die entsprechenden Tickets so durch das Kanban-System geschleust, dass die Funktionalität kurz vor diesem Stichtag produktiv geht.
- **Standard**
  Alle anderen Tickets werden standardmäßig in der Regel nach FIFO behandelt.

Bei Kanban wird darauf abgezielt, die Menge der gleichzeitig bearbeiteten Aufgaben zu reduzieren. Je mehr Aufgaben zu einem bestimmten Zeitpunkt bearbeitet werden, umso mehr Kontextwechsel finden statt. Große Anzahlen ersticken die Effizienz. Daher ist eine Hauptbetrachtungsgröße von Kanban die Menge der Work-in-Progress (WIP), die möglichst klein gehalten werden soll.

Die Entscheidung für Kanban fällt aus unterschiedlichsten Gründen. Beispiele hierfür sind:

- Für hierarchisch ausgerichtete Unternehmen, die aktuell z. B. nach dem Wasserfall-Modell vorgehen, ist Kanban häufig ein erster Schritt in Richtung Agilität. Hier sind die Änderungen überschaubarer und können allmählich eingeführt werden. So kann flexibler mit den Anforderungen umgegangen werden ohne andererseits alle Scrum-Routinen direkt einzuführen.
- Für Kontexte mit einer starken Arbeitsteilung und Spezialisierung ist Kanban häufig attraktiver als andere agile Ansätze, wenn der Aufbau von Generalisten unrealistisch erscheint.
- Wenn der kontinuierliche Verbesserungsprozess im Vordergrund steht, wird häufig nach Möglichkeiten gesucht, die Durchlaufzeiten zu verkürzen oder häufiger zu releasen.
- Im Wartungs- und IT-Betrieb passt Kanban gut zum Alltag vom Service- und IT-Betriebsteam. Deren Arbeit ist durch viele Unterbrechungen und Tickets mit hoher Dringlichkeit gekennzeichnet. Ein ungestörtes Arbeiten und Iterationen fester Länge wie in Scrum sind kaum möglich.
- Kanban-Karten beinhalten aufgrund ihrer geringen Größe nur wesentliche Informationen. Dies beschränkt in der Regel die Granularität der Anforderung und eine ungewollte Mutation zu eigenständigen Projekten ist selten.

2.3 Agile Methoden

2.3.2.2 Typische Fallstricke von Kanban

Ähnlich, wie bei Scrum, gibt es auch bei Kanban einige typische Fallstricke. Beispiele hierfür sind ein elitäres Selbstverständnis im Management, eine Absicherungskultur und ein nicht funktionierender fachlicher Klärungsprozess. Auch bei Kanban ist sowohl eine offene und wertschätzenden Leistungs-, Feedbackkultur und ein kooperativer Führungsstil sowie erfahrene Business-Analysten für die Formulierung von User-Stories erfolgsentscheidend.

- **Kein Kanban-Verantwortlicher (Kanban-Koordinator)**
  Von Kanban zwar nicht vorgeschrieben; ohne verantwortliche Person wird aber häufig das Kanban-Board und der kontinuierliche Verbesserungsprozess nicht wirklich gelebt. Anzeichen dafür sind:
  - Kanban-Board „veraltet".
  - Kein Ansprechpartner für Teammitglieder vorhanden.
  - Standup-Meetings und Arbeits-Reviews werden nicht durchgeführt.
- **Kein automatisiertes Continuous Delivery**
  Ein funktionierendes Konfigurationsmanagement und ein automatisierter Build-, Test- und Deployment-Prozess ist für eine regelmäßige Ergebnislieferung wichtig.
  Anzeichen für ein Fehlen:
  - Freigaben von Tasks verzögern sich. Ein „Stau" entsteht.
- **Mangelhafte Kanban-Karten**
  Neben schlampigen Kanban-Karten mit z. B. unlesbarer Schrift stellt die Anforderungsdefinition ebenso wie bei Scrum häufig ein Problem dar. User-Stories auf den Kanban-Karten müssen möglichst in Tasks gleicher Komplexität heruntergebrochen und standardisiert beschrieben werden.
  Typische Anzeichen für mangelhafte Kanban-Karten:
  - Einzelne Kanban-Karten verweilen lange in einer Bearbeitungsphase.
  - Kanban-Karten gehen verloren.
  - Viele Rückfragen von Teammitgliedern bzgl. der Inhalte der Kanban-Karten.
- **„Tooleritis"**
  Gerade in der Softwareentwicklung wird häufig anstelle eines physischen Kanban-Boards ein elektronisches Tool ausgewählt oder sogar programmiert bevor überhaupt Erfahrung mit Kanban gesammelt wurde. So wird häufig ein Arbeitsprozess mit Phasen manifestiert, der sich noch gar nicht bewährt hat oder aber sogar der Prozess dem Tool angepasst. Die einfachen Möglichkeiten der Verbesserung, wie z. B. einen weiteren Trennstrich auf einem Whiteboard ziehen oder Spalten zusammenfassen, werden erschwert.
  Typische Anzeichen für Tooleritis:
  - Kein Kanban-Board vorhanden.
  - Kanban-Karten werden nicht gepflegt
- **Keine wiederkehrenden Prozessschritte vorhanden**
  Bei Kanban müssen wiederkehrende Prozessschritte vorhanden sein. Zwar müssen nicht immer alle Karten alle diese Schritte durchlaufen; sie müssen aber vom nachfolgenden Prozessschritt gezogen werden.

Typische Anzeichen sind:
- Tätigkeiten müssen für jede Kanban-Karte neu überlegt werden.
- Das Team holt sich Arbeitsaufträge von anderen Quellen.

- **Kanban ist für große Projekte ungeeignet**
  Kanban ist nicht beliebig skalierbar. Je größer das Team, desto unübersichtlicher wird das Kanban-Board.
  Typische Anzeichen sind:
  - Kanban-Karten werden immer kleiner, da sie sonst nicht mehr auf das Board passen.
  - Kanban-Karten überlappen sich.

Schauen wir uns die Unterschiede zwischen Scrum und Kanban etwas näher an.

2.3.2.3 Unterschiede zwischen Scrum und Kanban

Es gibt eine ganze Reihe Unterschiede zwischen Scrum und Kanban. Scrum hat ein stringentes Regelwerk und eine feste Rollenzuordnung. Die wiederkehrenden Abläufe erleichtern, eine gewisse Routine zu entwickeln. Umgekehrt können diese aber bei z. B. kleinen Teams mit drei oder vier Mitarbeiter in einem Büro auch zu Zeitfressern werden, da die Kommunikation ohnehin direkt erfolgt.

Bei Kanban steht das Kanban-Board im Mittelpunkt. Bei Scrum müssen die Teammitglieder die Routinen, wie z. B. Daily-Scrum und Retrospektive oder Sprint-Planung erlernen. Dies ist bei Kanban deutlich einfacher und schon nach kurzer Zeit können die Teammitglieder Kanban nutzen, um ihre Aufgaben strukturiert abzuarbeiten. Jedoch fehlt vielen bei Kanban ein striktes Regelwerk, da keine Commitments existieren und einige Elemente, wie z. B. das Produkt-Backlog, nur optional sind. Umgekehrt ist für viele Teams Scrum zu unflexibel, da z. B. ein Sprint nicht verändert werden kann. Bei Kanban können Techniken nach Belieben hinzufügt oder entfernt werden.

Bei Kanban gibt es keine Timeboxen. Kanban zielt auf einen möglichst gleichmäßigen, unterbrechungsarmen Fluss jeder Aufgabe durch verschiedene Bearbeitungsphasen ab. Dadurch kann die erforderliche Durchlaufzeit reduziert werden.

Bei Scrum gibt es Inkremente (Produkte) als Ergebnis eines Sprints ausgehend von den für den Sprint ausgewählten User-Stories im Produkt-Backlog. Für den Sprint wird eine User-Story in Aufgaben (Tasks) heruntergebrochen. Aufgaben sind dahingegen die einzigen Objekte in Kanban. Der Aufgabenberg und deren Zuordnung zu Teammitgliedern ist für alle transparent. Bei großen Projekten und vielen kleinen Aufgaben geht der Überblick mit vielen Kärtchen und Namen auf der Tafel jedoch leicht verloren.

Man könnte sagen, dass der Einsatz von Scrum sich insbesondere bei großen, verteilten und komplexen Projekten lohnt, während Kanban bei kleineren und lokal begrenzten Aufgaben seine Stärken ausspielt.

Die Unterschiede zwischen Scrum und Kanban sind in Tab. 2.3 zusammengefasst.

Genauso wenig wie Scrum in Reinform, findet man Kanban mit ausschließlich den Muss-Elementen. Kanban wird i. d. R. mit weiteren agilen Techniken (siehe Abschn. 2.4) angereichert.

Tab. 2.3 Unterschiede zwischen Scrum und Kanban

	Scrum	Kanban
Time-Boxing	Regelmäßige Sprints mit fester Länge vorgeschrieben	Kein Methodenbestandteil; Fokus auf kontinuierlichen Fluss Iterationen sind optional
Begrenzung Inhalte	Ergebnis Sprint-Planung – Team vereinbart Menge an Arbeit, die in Sprint zu erledigen ist	Work-in-Progress (WIP); Commitments optional
Granularität der Anforderungen	Anforderungen müssen in Iteration eingepasst und hierfür ggf. zerlegt werden	Keine Vorgabe bzgl. Granularität der Anforderungen
Release-Methoden	Am Ende jedes Sprints, wenn vom Produkt-Owner genehmigt	Nach Ermessen des Teams; in der Regel Continuous Delivery
Rollen	Produkt-Owner, Scrum-Master und Scrum-Team	Keine Rollen
Metriken für Planung und Prozessverbesserung	Velocity	Durchlaufzeit
Art der Planung bzw. Planungsänderung	Sprint-Planung und keine Änderung während des Sprints	Backlog kann jederzeit geändert werden und Teammitglied kann jederzeit neue Kanban-Karte bearbeiten

Eine populäre Mischform ist **Scrumban** als eine Mischform von Scrum und Kanban. Sprints mit fester Länge und Rollen aus Scrum werden mit der Fokussierung auf Work-in-Progress-Grenzen und der Durchlaufzeit der Kanban-Methoden kombiniert. Aus Scrum werden z. B. neben der Scrum Planung, Daily-Scrum und Retrospektive verwendet. Aus Kanban werden z. B. Visualisierungen der Arbeitsschritte und Einschränkungen der Teamgröße pro Sprint übernommen. Auch können die Arbeitsschritte verändert werden und z. B. durch Einführung von Zwischenschritten die Verteilung der Kanban-Karten an unterschiedliche Spezialisten-Teams besser unterstützt werden. Die Anwendung der Kanban-Philosophie führt zu einer minimalen Durchlaufzeit und sorgt für eine höhere Auslastung bei den Teammitgliedern. Zeitbegrenzte Iterationen werden in Scrumban nicht verwendet.

Welcher Ansatz ist für welches Projekt passend?

Dies hängt von der Art des Projektes ab. Folgende Fragen können bei der Beantwortung helfen:

- Wie hoch ist die Komplexität des Projektes?
- Ist das Projekt verteilt über verschiedene Standorte?
- Wie viele Teammitglieder gibt es im Projekt?
- Handelt es sich um ein Wartungsprojekt?

Für Kanban wird sich häufig bei kleinen Projekten oder geringer Veränderungsgeschwindigkeit entschieden. Das Kanban-Board ist dann ein kleinster gemeinsamer Nenner und ein erster Schritt in Richtung agiler Kultur.

Bei Wartungsprojekten oder einfachen Prozessen wirkt Scrum häufig überdimensioniert und erzeugt Verschwendung („Muri" siehe [2]) oder das berühmte „mit Kanonen auf Spatzen schießen".

Umgekehrt eignet sich Scrum für Projekte mit hoher Komplexität und verteilten Teams sehr gut. Dies liegt am strukturierten Prozess mit den Ritualen sowie Scrum-Techniken für große oder verteilte Teams, wie z. B. Scrum-of-Scrum (siehe Abschn. 2.3.1). Dies hilft den Prozess wirklich zu leben und z. B. regelmäßig die Meetings mit klar definiertem Zeitlimit durchzuführen. Zudem wird hierdurch ein ausreichender und regelmäßiger Informationsaustausch institutionalisiert. Die festen Spielregeln verhelfen zu einem geordneten Prozessablauf.

2.4 Agile Techniken

Agile Techniken liefern einen Bausteinkasten für die Erweiterung von Scrum, Kanban und anderen agilen und klassischen Vorgehensweisen. Im Folgenden werden wichtige Techniken kurz erläutert.

Viele agile Techniken haben ihren Ursprung beim eXtreme Programming (XP). XP (siehe [7]) ist ein Rahmenwerk, das aus Werten, Prinzipien und Techniken besteht. Wesentliche Techniken sind hierbei:

- **Stand-up Meeting**, in dem jeder Entwickler berichtet, was er am Vortag gemacht hat, wo Probleme aufgetreten sind und was er sich für den aktuellen Tag vorgenommen hat. Ein Stand-up Meeting ist in der Regel sehr kurz und wird im Stehen abgehalten. Das Stehen trägt dazu bei, dass das Meeting kurzgehalten wird.
- **Planning Game** (siehe auch Planning Poker in Abschn. 2.4.2.1), in der zu Beginn der Iteration die Inhalte der nächsten Iteration geplant werden. Alle Teammitglieder ebenso wie Kundenvertreter (On-Site-Customer) nehmen daran teil.
- **Collective Ownership** des Teams für das zu entwickelnde Produkt. Jedes Teammitglied kann jederzeit an Code eines anderen weiterentwickeln.
- **Continuous Integration zu einem lauffähigen System** zum frühzeitigen Aufdecken von Fehlern und Reduzieren von Integrationskosten. Die Integration soll täglich, weitestgehend automatisiert auf der Basis von getesteten Code erfolgen. Die gemeinsame Code-Basis soll so stabil werden und zudem das Risiko fehlgeschlagener Integrationen zu einem späteren Zeitpunkt reduziert werden.
- **Testgetriebene Entwicklung** – Unit-Tests werden immer als erstes (oder zumindest parallel) entwickelt. Durch Analyse der Code-Überdeckung wird sichergestellt, dass diese auch wirklich erstellt werden.
Zusätzlich kann die Akzeptanztestgetriebene Entwicklung genutzt werden. Hier werden Akzeptanztests mit Kunden vereinbart, die z. B. Grundlage für eine Abnahme bilden. Idealerweise werden diese durch Regressionstests automatisiert.

2.4 Agile Techniken

- **Refactoring** bezeichnet die Überarbeitung der Struktur einer Software, ohne dass sich deren Verhalten nach außen ändert. Hierdurch soll kontinuierlich die Software verbessert werden.
- **Pair Programming** – Zwei Teammitglieder sitzen gemeinsam vor dem Rechner. Ein Teammitglied schreibt den Code während der andere Qualitätssicherung durchführt und über die Anforderung sowie Lösungsmöglichkeiten nachdenkt. So wird einerseits das Wissen verbreitet als auch andererseits die Ergebnisqualität durch den Austausch und das Einbringen der Erfahrungen erhöht.
  Das „Pairing" kann nicht nur für die Softwareentwicklung, sondern auch für jegliche Form der Einarbeitung genutzt werden. Der Einzuarbeitende führt die Aufgabe durch und der Experte steht für Ratschläge und Fragen direkt zur Verfügung.

Aus diesen Techniken werden bei Scrum und anderen Ansätzen Anleihen mit ggf. unterschiedlicher Namensgebung genommen. Wichtige verbreitete Techniken für das Management, die Planung, die Softwareentwicklung und den Softwareauslieferungsprozess führen wir im Folgenden etwas weiter aus.

2.4.1 Management-Techniken

Management-Techniken sind Prinzipien und Methoden zur Führung in Projekten oder in der Linie. Beispiele für Prinzipien sind Führung durch Zielvereinbarungen oder anhand von Entscheidungsregeln oder Routinen, wie in Scrum. Letztere schauen wir uns etwas näher an.

2.4.1.1 Daily-Scrum

Daily-Scrum ist ein Stand-up Meeting, das so bei Scrum verpflichtend und bei vielen Ansätzen, wie z. B. Kanban, häufig durchgeführt wird. Dies schauen wir uns im Folgenden etwas näher an.

Zweck: Gegenseitige Information des Teams und aller Beteiligten und Abstimmung

Teilnehmer:
Erforderlich: Scrum-Master, Produkt-Owner, Scrum-Team
Optional: Weitere Stakeholder aus dem Projektkontext

Ablauf:
Jedes Team-Mitglied berichtet dem Team (und nicht eventuell anwesenden Vorgesetzten oder dem Scrum-Master oder Produkt-Owner):

- Was habe ich seit dem letzten Daily-Scrum getan?
- Woran werde ich heute arbeiten?
- Was hat mich oder behindert mich bei der Arbeit (Impediments)?

Scrum-Master nimmt Blockaden (Impediments) auf und greift moderierend ein, wenn nötig. Produkt-Owner kann bei Bedarf offene Fragen beantworten.

Zeitpunkt: Einmal täglich zu fest vereinbartem Zeitpunkt (Jour Fixe); normalerweise morgens. Pünktlichkeit ist hierbei sehr wichtig. Eine gemeinsame Kasse, in der Zuspätkommende einzahlen müssen, hilft hier häufig.

Dauer: Time-Box mit nicht mehr als 15 min
Um sicherzustellen, dass die Zeit eingehalten wird, wird häufig ein Timer genutzt. Um Aufmerksamkeit zu erzeugen, kann aber auch ein Ball im Team hin- und hergeworfen werden.

Wichtig ist, dass die Team-Mitglieder einander und nicht Vorgesetzten oder Schlüsselpersonen berichten. Dies erfordert ein wenig Übung und zu Beginn Moderationsfähigkeiten. Innerhalb kurzer Zeit entwickeln sich aber so hocheffiziente und zielgerichtete Meetings.

Durch Daily-Scrum entsteht bei allen Team-Mitgliedern ein Gesamtbild vom Projekt. Die Problemlösungskompetenz des ganzen Teams steht nach dem Daily-Scrum zur Verfügung. Nach einem Daily-Scrum gibt es häufig weiteren Gesprächs- oder Informationsbedarf für die Klärung in anschließenden Einzelgesprächen.

Ein wesentliches Instrument ist hier das **Impediment-Backlog**. Im Impediment-Backlog pflegen die Team-Mitglieder ihre Blockaden, die sie bei ihren Aufgaben behindern. Dies können z. B. fehlende Zulieferungen oder aber ein Know-how-Defizit sein. Der Impediment-Backlog wird häufig nach einem Daily-Scrum oder während einer Retrospektive gepflegt. Es ist die Aufgabe des Scrum-Masters, sich der Blockaden anzunehmen und zu versuchen, diese möglichst schnell aus dem Weg zu räumen.

2.4.1.2 Burn-down-Chart

Ein Burn-down-Chart dient zur Fortschrittskontrolle und stellt den verbleibenden Aufwand in einem Projekt in Relation zur verbleibenden Zeit dar. Es gibt Aufschluss über mögliche Abweichungen von der Planung. Der Aufwand wird in „Story Points" („Aufwandspunkte") angegeben. Aus der Anzahl der in einem Sprint umgesetzten „Story Points" ergibt sich die „Velocity" („Geschwindigkeit") des Projektteams. Die Velocity ist Grundlage für die weitere grobe Planung (siehe Kap. 4).

Das Burn-down-Chart kann sowohl für einen Sprint als auch für ein ganzes Release genutzt werden. Auf der y-Achse wird initial die ursprünglich geplante Arbeitsmenge aufgetragen. Täglich wird dann bei einem Sprint Burn-down-Chart die Restaufwände des Sprint-Backlogs oder beim Release Burn-down-Chart die Restaufwände des verbleibenden Produkt-Backlogs nach jedem Sprint als jeweils gültige Restarbeitsmenge eingetragen. Durch die regelmäßige Schätzung des Restaufwands nimmt die Genauigkeit kontinuierlich zu.

Die x-Achse entspricht bei Sprint Burn-down-Charts der Sprint-Länge, z. B. drei Wochen (siehe Abb. 2.3), und bei Release Burn-down-Charts der Releasedauer.

Im Verlaufe des Projektes nimmt die Restarbeitsmenge ab und der Graph geht nach unten („verbrannte Arbeit"). Aus dem Burn-down-Chart lässt sich sowohl die Velocity als auch Trends ableiten. Zusätzlich zur tatsächlichen („Ist-")Linie kann auch die geplante oder Trend-Linie dargestellt werden. Hier können z. B. die ideale Abarbeitung mit prognostizierter Velocity beziehungsweise der Trend auf Basis der vergangenen Schätzwerte

2.4 Agile Techniken

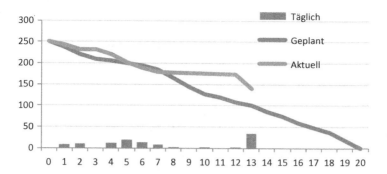

Abb. 2.3 Beispiel Burn-down-Chart

errechnet werden. Sobald Abweichungen von der ursprünglichen Planung erkannt werden, können Gegenmaßnahmen ergriffen werden.

In Abb. 2.3 finden Sie ein Beispiel eines Burn-down-Charts.

Das Release Burn-down-Chart ist ein wichtiges Mittel für die Fortschrittskontrolle für den Produkt-Owner. Hiermit kann er den Fortschritt bei der Umsetzung der User-Stories verfolgen und Abweichungen zur Release Planung erkennen. So kann dieser das eigentliche Projektziel gut im Auge behalten. Hierzu trägt er auf der y-Achse nach jedem Sprint die Story Points der noch offenen Features ein.

Bei Sprint Burn-down-Charts wird am 1. Tag der initiale Aufwand entsprechend der Schätzung zu Beginn gesetzt. An jedem Tag beim Daily-Scrum wird dann der Restaufwand neu abgeschätzt und im Burn-down-Chart eingetragen.

2.4.1.3 Definition-of-Done

Für Abschätzungen ist sehr wichtig, dass ein klares Bild bei allen Beteiligten über die Fertigstellungskriterien besteht. Um Missverständnisse zu vermeiden, muss vorab klar definiert werden, was unter „fertig" verstanden wird. Dies nennt man „Definition-of-Done (kurz DoD)".

Ohne eine Definition-of-Done ist nicht klar, ob eine User-Story fertig ist oder eben nicht. Häufig hört man dann Aussagen, wie „zu 90 % fertig" und dies über eine lange Zeit.

Die Fertigstellungskriterien schaffen die Grundlage für die Bewertung der ordnungsgemäßen Umsetzung. Hier gehen u. a. Wünsche des Produkt-Owners in Richtung z. B. nichtfunktionaler Anforderungen wie z. B. Performance oder Skalierbarkeit ein.

Es stellt sich häufig die Frage, wer entscheidet über die Fertigstellungskriterien. Dies ist bei der agilen Entwicklung das Entwicklungsteam. Dieses erstellt eine Liste von Fertigstellungskriterien.

Beispiele für Fertigstellungskriterien einer Definition-of-Done sind:

- Der Code ist im Versionierungssystem eingecheckt.
- Die Dokumentation vom Code und der Release-Dokumentation sind aktualisiert.
- Es wurde ein Code Review durchgeführt oder der Code wurde über Pair Programming entwickelt.

- Coding-Guidelines und Standards wurden eingehalten und automatisch über einen Checker überprüft.
- Es wurden alle Unit Tests fehlerfrei durchgeführt.
- Testüberdeckung ist 90%.
- Es sind keine kritischen Fehler offen.
- Erforderliche Refactorings sind durchgeführt.
- Integrationstests wurden fehlerfrei durchgeführt.
- Alle Akzeptanzkriterien werden erfüllt (siehe Abschn. 2.4.2.5).

Eine klare Definition-of-Done hilft, sich vor Schnellschüssen z. B. ohne Qualitätssicherung oder Test zu schützen. Wenn das Refactoring und eine gewisse Testabdeckung zur DoD dazu gehört, dann ist ein Feature ohne dies, eben noch nicht fertig. Auch wenn es bereits „vorführbar" ist. So wird die Entwicklung verlässlicher und die Codequalität steigt.

2.4.1.4 Sprint-Review

Das Sprint-Review ist ein essenzieller Bestandteil von Scrum am Ende jedes Sprints. Das Team präsentiert dem Produkt-Owner und allen interessierten Stakeholdern die Ergebnisse des Sprints, idealerweise live am System und sammelt Feedback. Der Produkt-Owner prüft die fertiggestellten Funktionalitäten entsprechend der Akzeptanzkriterien. Falls der Produkt-Owner nicht zufrieden ist, muss das Produkt nachgearbeitet werden. Daraus resultieren neue Aufgabenpakete, die in die Planung des nächsten Sprints einfließen. Durch die „live"-Vorführung wird der Entwicklungsfortschritt greifbar und Fehlentwicklungen erkennbar.

Zweck: Abnahme der Sprint-Ergebnisse und Einholung von Feedback
Das Team „feiert" seine Erfolge.

Teilnehmer:
Erforderlich: Scrum-Master, Produkt-Owner, Scrum-Team
Optional: Weitere Stakeholder aus dem Projektkontext

Ablauf:
Das Team präsentiert selbst die im Sprint abgeschlossenen Arbeiten. Der Scrum-Master moderiert das Meeting. Der Produkt-Owner und die anwesenden weiteren Stakeholder geben unmittelbar Feedback. Falls der Produkt-Owner nicht zufrieden ist, muss das Produkt verbessert werden. Es wird festgehalten, was nachbearbeitet werden muss. Auf Basis des Gezeigten entscheidet der Produkt-Owner später, ob das Inkrement produktiv gesetzt werden soll.

Zeitpunkt: Am Ende eines Sprints bei Scrum oder ein definierter Meilenstein bei Kanban (oder anderen Vorgehensmodellen)

Dauer: Festgelegte Time-Box (z. B. eine Stunde oder vier Stunden)
Um sicherzustellen, dass die Zeit eingehalten wird, wird häufig ein Timer genutzt.

2.4 Agile Techniken

Anwendungskontext: Scrum oder Kanban oder andere Vorgehensmodelle

Format: Format sollte vorab einheitlich festgelegt werden. Es kann ein lockeres Format, wie ein „Demo-Freitag", oder eine formale Meeting-Struktur gewählt werden.
Häufig findet das Sprint-Review in einem Entwicklerbüro statt.

Wichtig ist, dass alle Ergebnisse live am funktionierenden System demonstrierbar sind (nicht Powerpoint) und die Definition-of-Done (siehe Abschn. 2.4.1.3) eingehalten ist. Nur fertige Produktfunktionalität (Increment of Potentieally Shippable Functionality) darf vorgeführt werden. Die Vorbereitungszeit sollte pro Teammitglied nicht mehr als eine Stunde betragen.

2.4.1.5 Retrospektive

Retrospektiven sind ebenso essenzieller Bestandteil eines Scrum-Prozesses (siehe Abschn. 2.4.1.5). Hier geht es darum, aus der Vergangenheit zu lernen und so den Scrum-Prozess zu verbessern. Alle Teammitglieder bewerten, was gut und was schlecht gelaufen ist, und leiten daraus Verbesserungspotenzial ab. Retrospektiven leisten einen wichtigen Beitrag zur kontinuierlichen Verbesserung des Prozesses.

Zweck: Ableitung von Verbesserungspotenzial für den Prozess

Teilnehmer:
Erforderlich: Scrum-Master, Produkt-Owner, Scrum-Team

Ablauf:
Die Retrospektive wird vom Scrum-Master oder einer neutralen Person bei anderen Vorgehensmodellen moderiert. Das Team analysiert und bewertet rückblickend, was im Sprint gut, was schlecht gelaufen ist und macht konkrete Verbesserungsvorschläge.
Phasen:

1. Einleitung durch den Moderator mit Begrüßung und Klärung der Ziele der Retrospektive
2. Sammel-Phase: Aufnehmen, Clustern und Priorisieren
   Jedes Teammitglied beantwortet folgende Fragen:
   – Welche positiven und welche negativen Dinge sind im Sprint passiert?
   – Gab es Qualitätsprobleme?
   – Was hat behindert? Was hat geholfen?
3. Analyse und Maßnahmenidentifikation:
   Auf den Grund gehen durch Fragen, wie: Was war die Ursache? Woran lag es? Welche möglichen Maßnahmen gibt es?
4. Maßnahmenfestlegung: Bewertung und Priorisierung sowie Entscheidung über Maßnahmen
5. Rückblick Retrospektive: Mit welchem Gefühl gehen die Teilnehmer aus der Retrospektive? War die Zeit sinnvoll investiert? Wie sollte man beim nächsten Mal vorgehen? Was sollte gleichbleiben? Was sollte geändert werden?

Zeitpunkt: Am Ende eines Sprints bei Scrum oder ein definierter oder spontaner vom Koordinator festgelegter Meilenstein bei Kanban (oder anderen Vorgehensmodellen); häufig nach einem Sprint-Review.

Dauer: Festgelegte Time-Box z. B. eine Stunde für die regelmäßige oder drei Stunden für eine Reflektion z. B. alle drei bis sechs Monate;
Um sicherzustellen, dass die Zeit eingehalten wird, wird häufig ein Timer genutzt.

Anwendungskontext: Scrum oder Kanban oder andere Vorgehensmodelle
Themen, die im Rahmen der Retrospektive nicht behandelt wurden, sollten nicht in einen Themenspeicher geführt werden. Ein Themenspeicher verleitet dazu, diesen abzuarbeiten anstatt offen über den Sprint zu reflektieren. Wichtige Themen kommen ohnehin bei der nächsten Retrospektive wieder zur Sprache.

Wesentliche Aspekte für eine erfolgreiche Retrospektive:

- Klar definierter Moderator, der die Retrospektive vorbereitet
- Moderator hält sich aus der inhaltlichen Diskussion heraus
- Timebox für die Retrospektive einhalten
- Angstfreie, kreative Atmosphäre
- Aktive Mitwirkung aller Teilnehmer
- Analyse der Ursachen für Probleme
- Konkret umsetzbare Maßnahmen
- Umsetzung der Maßnahmen durch Operationalisierung mit u. a. klaren Verantwortlichkeiten

2.4.1.6 Führungsphilosophie „Servant Leadership"

Servant Leadership, die dienende Führung, ist eine Führungsphilosophie basierend auf Ideen von Robert K. Greenleaf (siehe [8]), in der Sozialkompetenz und Führung im Vordergrund steht. Führungskräfte auf allen Ebenen vom oberen über das mittlere Management bis hin zum Projektmanagement sollen sich als dienender Führer verstehen im Gegensatz zum beherrschenden Führer.

Die Aufgabe von Führungskräften ist es beim Servant Leadership, die Motivation und Kreativität der eigenen Mitarbeiter anzuregen, zu Höchstleistungen zu führen und das Potenzial der Mitarbeiter wirklich zu nutzen. Kreativität gerade z. B. in der Softwareentwicklung und im Dienstleistungsgeschäft sind erfolgsentscheidend, um Lösungen im komplexen oder neuen Umfeld zu finden. Hierzu muss die Führungskraft ein Umfeld für die Mitarbeiter schaffen, in der sie Freiräume für eigenverantwortliches Arbeiten und zur eigenen Entfaltung haben. Hierzu sind Sicherheit und Respekt wesentliche Faktoren.

Wesentliche Charakterzüge eines dienenden Führers sind:

- **Aktives Zuhören:** Um die Bedürfnisse und Probleme der Mitarbeiter zu verstehen und aktiv zu werden, wenn sich etwas anbahnt, muss die Führungskraft einen engen Kontakt mit dem Mitarbeiter halten, mit ihm sprechen und vor allen Dingen ihn sprechen lassen. Er ist ein disziplinierter Zuhörer.

- **Empathie:** Die Führungskraft muss Einfühlungsvermögen besitzen und sich in die Lage des Mitarbeiters versetzen, diesen zu helfen und mit Rat und Tat zur Seite stehen.
- **Persönliche Integrität:** Übereinstimmung der persönlichen Werte mit dem Handeln ist wichtig, so dass die Führungskraft als vertrauenswürdige Person gesehen wird.
- **Grundbescheidenheit:** Die Führungskraft muss seine Eitelkeit im Zaun halten. Er ist nicht der lautstarke Macher, sondern der besonnene leise Veränderer. Dies erfordert Selbstvertrauen.
- **Intelligenz:** Die Führungskraft muss einen scharfen Verstand haben, um die Situation ganzheitlich zu verstehen und erforderliche Maßnahmen abzuleiten.
- **Überzeugungskraft:** Die Führungskraft muss mitreißen und motivieren können und nicht von seinen Machtmitteln als Vorgesetzter zu oft Gebrauch machen. Er vermittelt Dinge in einer klaren Sprache.
- **Soziabilität:** Fähigkeit der Führungskraft, soziale Beziehungen aufzunehmen und zu pflegen.
- **Stratege:** Die Führungskraft muss eine Vision und Strategien entwickeln, vermarkten können und über Weitsicht verfügen.

Eine schöne Veranschaulichung ist die umgekehrte Pyramide in Abb. 2.4. Die Manager dienen dem Mitarbeiter und diese den Kunden.

2.4.2 Planungstechniken

Planung ist die gedankliche Gestaltung zukünftiger Strukturen, Prozesse und Artefakte auf der Basis eines Modells für die Zukunft inklusive Annahmen. Der resultierende Plan gibt eine Orientierung und ist die Basis für die Erkennung von Abweichungen durch einen Soll-Ist-Abgleich. So können bei Abweichungen zeitnah Gegenmaßnahmen ergriffen werden.

Die Planungsunsicherheit ist je größer, je weiter in die Zukunft geplant wird. Planungstechniken unterstützen insbesondere den Umgang mit der Unsicherheit. Wichtig ist hier insbesondere die relative Schätzung über Story Points anstelle von konkreten Aufwandswerten.

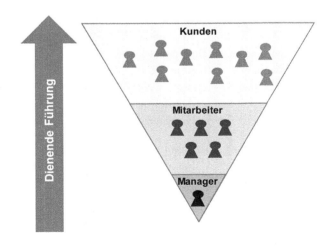

Abb. 2.4 Veranschaulichung Servant Leadership

Relative Größenordnungen lassen sich einfacher abschätzen. Die Story Points sind eine Einheit, welche die Größe einer User-Story beschreiben.

Die Granularitäten müssen hierbei den Erfordernissen der Planungsebene entsprechen (siehe Kap. 3). Für eine Releaseplanung reicht in der Regel eine Grobschätzung und damit auch eine gröbere Granularität der Anforderungen.

2.4.2.1 Planning Poker

Planning Poker ist eine gute Möglichkeit eine Einigung bei der Aufwandsschätzung in agilen Teams zu erhalten. User-Story für User-Story wird in der Iterationsplanung eine Schätzung von jedem Teammitglied vorgenommen. Jedes Teammitglied hat jeweils ein Kartendeck bestehend aus zumeist 13 Karten mit festgelegten Einheiten für Komplexitätswerte, basierend auf Zahlen aus der Fibonacci-Folge. Die ersten beiden Werte sind 0 und 1. Jeder weitere Wert ergibt sich aus der Summe der beiden vorigen.

Häufig findet man die Werte 0, (0,5), 1, 2, 3, 5, 8, 13, 20, 40, 100 sowie die Jokerkarte Fragezeichen. Das Teammitglied zieht die Karte, die der Komplexität der User-Story entspricht. Der eingeschränkte Kartensatz führt in der Regel zu einer schnellen Schätzung. „0" wird verwendet, wenn nur ein minimaler Aufwand erwartet wird und „?", wenn das Teammitglied sich so unsicher ist, dass es keine Schätzung abgeben möchte.

Aufwände werden in Story Points (relative Werten) gemessen. Diese werden später in konkrete Aufwandszahlen umgerechnet. Grund hierfür ist, dass Menschen besser einfache Relationen erfassen als absolute Aufwände abschätzen können. Die eingeschränkten Kartenwerte helfen zudem, eine nicht wirklich abschätzbare Genauigkeit mit großem Aufwand auszudiskutieren.

Typischer Ablauf des Planning Poker:

1. Die User-Story wird vom Moderator vorgestellt.
2. Alle Teilnehmer können Fragen stellen. Risiken oder Probleme werden genauso wie Annahmen idealerweise notiert.
3. Initiiert durch den Moderator wird die Schätzrunde solange durchgeführt, bis ein Konsens erreicht wird. Ablauf Schätzrunde:
   a. Jeder Teilnehmer sucht eine Karte aus seinem Kartendeck heraus, von der er annimmt, dass sie die passende Größenordnung der User-Story darstellt. Die Karte wird verdeckt abgelegt.
   b. Wenn alle Teilnehmer bereit sind, werden alle Karten gleichzeitig aufgedeckt.
   c. Weichen Schätzungen weit voneinander ab, müssen die beiden Teilnehmer mit der höchsten und niedrigsten Abschätzung ihre Gründe darlegen.
   d. Danach gibt es eine erneute geheime Abstimmung.

Für den Planning Poker gibt es einen Moderator. Dies ist bei Scrum der Scrum-Master. Allgemein kann dies aber auch ein festgelegter Teilnehmer oder aber z. B. der Produkt-Owner sein. Dieser muss u. a. eine Definition für Story Points vor Spielbeginn festlegen.

Alle Teammitglieder (Entwickler) nehmen am Planning Poker teil. Die Teilnehmerzahl sollte zehn nicht übersteigen. Zudem sollten die Diskussionen im Zaum gehalten werden. Hierzu sollte der Moderator eine Uhr bzw. Stoppuhr parat haben.

2.4 Agile Techniken

Jeder Teilnehmer muss zu seiner Abschätzung stehen und diese gegebenenfalls offen vor allen begründen.

2.4.2.2 Planungs-Kick-off-Meeting

Für die Initiierung des agilen Planungsprozesses kann ein „Planungs-Kick-off-Meeting" durchgeführt werden.

Die Voraussetzung für die Durchführung ist eine repräsentative Anzahl von mindestens 10 – 20 User-Stories, die grob beschrieben sind. An dem Meeting nimmt das ganze agile Team, der Koordinator bzw. Scrum-Master sowie der Produkt-Owner teil. Der Produkt-Owner beantwortet die Fragen des Teams zu den User-Stories.

Das Team sortiert die User-Stories entsprechend deren Komplexität und bildet dann Komplexitäts-Cluster entsprechend der vorab festgelegten „Schätzskala", wie z. B. „1, 2, 3, 5, 8, 13, 20, 40 und 100".

Wesentliches zum Planungs-Kick-off-Meeting:

- **Zweck:** Festlegung der initialen Velocity.
- **Voraussetzung:** Vom Produkt-Owner priorisiertes Produkt-Backlog mit zumindest grob beschriebenen User-Stories (mindestens 10–20) auf z. B. Karteikarten.
- **Teilnehmer:** Erforderlich: Scrum-Master oder Kanban-Moderator (moderiert Meeting), Produkt-Owner, agiles Team.
- **Zeitpunkt:** Zu Beginn des ersten Sprints bzw. zeitnah zu Kick-off vom agilen Projekt.
- **Dauer:** Time-Box mit acht Stunden.
- **Ablauf:**
  1. **Vorstellen der User-Stories**
     Der Produkt-Owner stellt die User-Stories vor und beantwortet die Fragen des Teams.
  2. **Sortieren der User-Stories**
     Das Team sortiert die User-Stories entsprechend deren Komplexität von der niedrigsten bis zur höchsten Komplexität.
  3. **Bilden von Komplexitäts-Clustern entsprechend der gewählten Skala, wie z. B. „1, 2, 3, 5, 8, 13, 20, 40 und 100".**
     Die User-Stories werden entsprechend ihrer Komplexität von der niedrigsten bis zur höchsten geclustert. Die User-Story mit der niedrigsten Komplexität bildet den Ausgangspunkt für den Komplexitäts-Cluster „1". In das Komplexitäts-Cluster „1" werden alle User-Stories einsortiert, die weniger als maximal doppelt so komplex sind. Die nächste User-Story bildet den Startpunkt für den Cluster „2". So wird fortgefahren, bis alle User-Stories einem Cluster zugeordnet wurden.

Nach dem Meeting hat das Team ein intuitives Gefühl für die Schätzskala.

2.4.2.3 Sprint-Planung

In der Sprint-Planung prognostizieren die Teammitglieder, wie viel Arbeit sie ihrer Meinung nach im Verlauf des Sprints abschließen können. Für den ersten Sprint greifen Erfahrungswerte und für spätere Sprints gibt die Velocity, die Geschwindigkeit eines Scrum-Teams, eine Orientierung vor.

Die Velocity gibt an, wie viele Story Points im Sprint umgesetzt werden können. Die Velocity ist der Durchschnitt über die Summe aller vom Team fertiggestellten Story Points pro Sprint. Die Velocity kann man dazu verwenden, um die geplante Fertigstellung und die erwartete Auslieferung von Features zu prognostizieren. Die Prognose wird mit zunehmender Zeit immer präziser.

Die durchschnittliche Velocity wird am Ende eines Sprints berechnet. Die Story Points aller User-Stories, die als „Done" (siehe Abschn. 2.4.1.3) deklariert wurden, werden aufaddiert und durch die Anzahl der Sprints geteilt.

Zusätzlich wird häufig der Velocity-Offset betrachtet. Dies ist die Summe aller nicht erledigten User-Stories. Diese Story Points „bremsen" das Team im kommenden Sprint.

Wesentliches zur Sprint-Planung bei Scrum:

- **Zweck:** Festlegung des Sprint-Backlogs.
- **Voraussetzung:** Vom Produkt-Owner priorisiertes Produkt-Backlog.
- **Teilnehmer:** Erforderlich: Scrum-Master (moderiert Sprint-Planung), Produkt-Owner, Scrum-Team.
- **Zeitpunkt:** Zu Beginn eines Sprints.
- **Dauer:** Time-Box mit acht Stunden.
- **Ablauf:** Zwei Phasen mit jeweils 4 h Time-Box:
  1. **Fachlichen Umfang festlegen**
     Der Produkt-Owner stellt sein Ziel für den Sprint vor und präsentiert dem Team die hierfür erforderlichen User-Stories und den Nutzen aus Kundensicht. Dies sind die am höchsten priorisierten User-Stories vom Produkt-Backlog. Gemeinsam mit dem Team wird dann abgestimmt, für welchen Teil des Produkt-Backlogs sich das Team zur Lieferung verpflichtet (Increment of Potentially Shippable Functionality).
     Das Team entscheidet hierbei alleine, wie viele der gewünschten User-Stories es im nächsten Sprint realistisch umsetzen kann. Das Team kann bei differierenden Ansichten nicht überstimmt werden.
  2. **Umsetzungsplanung im Team (ohne Mitsprache Produkt-Owner)**
     Das Team plant autonom ohne Mitsprache des Produkt-Owner im Detail und bricht die User-Stories auf Tasks herunter. Letztere werden zum Sprint-Backlog konsolidiert.

Das Team schätzt den erwarteten Aufwand z. B. über Planning-Poker (siehe Abschn. 2.4.2.1). Das Entwicklungsteam macht eine Sprint-Prognose auf der Basis der geschätzten oder bekannten Velocity.

Für die ersten Sprints sollte der Grundgedanke des Minimal Viable Products (siehe Abschn. 2.4.2.4) angewendet werden, da so schnell Quick-wins erzielt werden können.

2.4.2.4 Minimal Viable Product (MVP)

Das Minimal Viable Product (MVP) ist die Lösung mit dem minimalen Funktionsumfang, der Wert für den Kunden darstellt. Das MVP ist der schnellstmögliche Weg ein Produkt zur Marktreife zu führen. Hierzu muss es möglichst einfach sein, dass es schnell entwickelt

2.4 Agile Techniken

und bereitgestellt werden kann. Andererseits muss es aber hinreichend Funktionen bereitstellen und reif sein, um den Nutzern einen Eindruck vom zukünftigen Produkt und dessen Vorteilen zu bieten. Das minimale Produkt muss so konzipiert sein, dass es einen Mehrwert für die zukünftigen Nutzer liefert. Es muss „nützlich" („viable") sein. Der größte Hebel, um schnell auszuliefern, besteht darin, sich auf die wesentlichen Anforderungen zu fokussieren und die unwesentlichen zu verschieben (oder letztendlich dann aufzugeben).

MVP ist ein wesentliches Instrument der Methode „Lean Startup" (siehe [9]), die zum Ziel hat, Produkte schnell auf den Markt zu bringen, um anhand von Feedback das Produkt schrittweise zu verbessern. Dies veränderte fundamental die Art und Weise, wie neue Produkte entwickelt wurden.

Projekte „sterben" nicht mehr in Schönheit, sondern arbeiten „Business Outcome" orientiert. Durch gezieltes Testen der erfolgsentscheidenden Hypothesen der Produktidee kann schnell entschieden werden, ob die Produktidee überhaupt Anklang findet und welche Anpassungen erforderlich sind, um sich am Markt zu positionieren. Durch validiertes Lernen ist es möglich, fundierte Entscheidungen schnell zu treffen und gegebenenfalls Veränderungen vorzunehmen, anstelle Unsummen für gegebenenfalls falsche Vermutungen auszugeben. So kann mit dem geringstmöglichen Aufwand die größtmögliche Anzahl an validierten Erkenntnisse über die Kundenwünsche und die Art der Kundenbindung gewonnen werden.

In Abb. 2.5 finden Sie die Methode „Lean Startup" dargestellt. Die Art des Vorgehens, insbesondere auch in der Softwareentwicklung, ändert sich. Anstatt eine möglichst exakte Planung im Vorfeld abzugeben, erstellen wir eine Hypothese über die elementaren Faktoren für den Erfolg des Produktes. Es geht dabei darum, den Nutzen des Produktes für

Abb. 2.5 Lean Startup

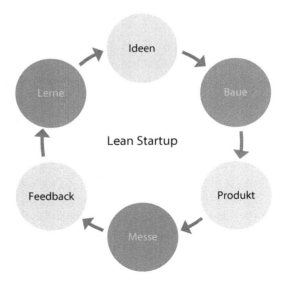

unsere Kunden durch schrittweise Erweiterung bzw. Veränderung des Softwareproduktes zu verbessern. Am ausgelieferten Softwareprodukt testen wir die Hypothesen gezielt. Wir messen, wie die Kunden darauf reagieren. Aus dem Feedback leiten wir ab, wie wir die Software erweitern und optimieren können. Ziel ist es über das Feedback zu identifizieren, welche Wünsche und Bedürfnisse unsere Kunden wirklich haben.

Hierzu nutzen wir möglichst kurze Zyklen. Das heißt wir müssen den Nutzen in möglichst kleine Einheiten – das Minimal Viable Product – zerteilen. Dies muss nur so umfangreich sein, dass wir damit unsere Hypothese überprüfen können. Essentiell ist dabei, dass wir in diesen kurzen Zyklen die Software bereitstellen können. Wesentlich sind hierfür Continuous Delivery und DevOps (siehe Abschn. 2.4.3).

Für die Ermittlung des MVP sind folgende Schritte wichtig:

1. **Auswahl der Pilotanwender bzw. Kunden(gruppe)**
   Entscheidend ist die Auswahl der Kunden(gruppe) bzw. im Unternehmen der Pilotanwender, die „Early Adopters". Diese sollten offen, leicht erreichbar und ansprechbar sein sowie insbesondere einen repräsentativen Querschnitt für die zukünftigen Anwender bilden.
2. **Festlegung der User-Stories des MVP**
   Über z. B. Story Mapping (siehe Abschn. 2.4.2.5) wird das zukünftige Produkt gesamthaft erfasst. Durch die Priorisierung der Details und die Frage „Auf was kann nicht verzichtet werden?" kann der minimale Kern ermittelt werden.
3. **Festlegung der Akzeptanzkriterien und der Art der Ermittlung**
   Neben Akzeptanzkriterien, wie in Abschn. 2.4.2.5 beschrieben, sind auch nichtfunktionale Anforderungen, wie z. B. Usability, und Kosten-Nutzen-Abwägungen wichtig. Wenn möglich, sollte das Nutzerverhalten automatisch protokolliert und analysiert werden oder aber mit Testpersonen ein Interview durchgeführt werden.

Nachdem das Feedback z. B. im Rahmen eines Sprint-Reviews eingeholt wurde, geht es darum die vorhandenen Features zu verbessern. Wichtig sind hier neben Funktionalitäten vor allen Dingen Usability und Effizienzsteigerungen, wie z. B. die Automatisierung von sich wiederholenden Abläufen.

2.4.2.5 User-Stories und Akzeptanztests

User-Stories werden in der agilen Entwicklung gepaart mit Akzeptanztests zur Festlegung der Geschäftsanforderungen eingesetzt. Eine User-Story beschreibt eine Funktionalität, die entweder für einen Nutzer oder einen Käufer des zu entwickelnden Systems von Wert ist.

Eine **User-Story**, eine Anwendererzählung, ist eine in der Alltagssprache formulierte und bewusst kurz gehaltene Beschreibung für eine Geschäftsanforderung. Eine User-Story folgt dem Muster „Als <Rolle> möchte ich <Ziel oder Anforderung>, um <daraus folgenden Nutzen zu ziehen>". Ein Beispiel für eine User-Story ist „Als Versicherungskunde von XYZ möchte ich online meine Versicherungsverträge einsehen können, um diese schnell prüfen zu können".

2.4 Agile Techniken

Akzeptanzkriterien sind Bedingungen für die Abnahme einer User-Story. Erst, wenn alle Kriterien erfüllt sind, ist die User-Story fertig (siehe Definition-of-Done in siehe Abschn. 2.4.1.3). Sie bilden das Bindeglied zwischen User-Stories und Testfällen. In Akzeptanzkriterien werden sowohl Vorbedingung, auszuführende Testschritte, erwartetes Ergebnis, Nachbedingung als auch verwendete Testdaten dokumentiert.

Beispiele für Akzeptanzkriterien sind:

- Bestätigt der Nutzer die Speicherrückfrage nicht, dann wird der Datensatz nicht überschrieben.
- Nach Neuanlage eines Auftrags, wird dieser Auftrag in der Liste der Aufträge unmittelbar angezeigt.

Für eine gute User-Story sind folgende Aspekte wichtig:

- Ein kurzer und prägnanter Name, wie z. B. „Versicherungsvertrags-Self-Service"
- Eine kurze Beschreibung der Anforderung entsprechend dem Muster und Erfüllung der „INVEST"-Kriterien
- Für den Inhalt der User-Story ist der Kundennutzen wichtiger als der Umfang an Funktionalitäten.
- Akzeptanzkriterien, anhand derer die Abnahme der User-Story durchgeführt wird

Hierbei sollten die folgenden „INVEST"-Kriterien Anwendung finden:

- **Independent:** Eine Story ist unabhängig von anderen Stories
- **Negotiable:** User-Stories sind eine Gesprächsgrundlage und werden durch Konversation zwischen dem Kunden (bzw. Produkt-Owner) und den Entwicklern präzisiert. Der Kunde formuliert die User-Story grob mit Schwerpunkt auf seine Ziele und detailliert diese im Dialog mit den Entwicklern.
- **Valuable:** Jede User-Story muss einen erkennbaren Mehrwert aus Sicht des Kunden liefern.
- **Estimatable:** Eine User-Story muss so einfach, verständlich und überschaubar sein, dass die Entwickler eine Abschätzung abgeben kann. Wenn dies nicht der Fall ist, muss die User-Story häufig zerlegt werden.
- **Small:** Die User-Story muss innerhalb einer Iteration (eines Sprints in Scrum) umgesetzt werden können. Eine allgemeine Regel für die Größenordnung ist, dass die komplette Umsetzung nicht mehr als die halbe Kapazität der Iteration in Anspruch nimmt.
- **Testable:** Testbarkeit muss zwingend gewährleistet werden. Dies ist wesentlicher Bestandteil der Definition-of-Done (siehe Abschn. 2.4.1.3).

In der Regel werden User-Stories zunächst grobgranular vom Kunden bzw. Produkt-Owner beschrieben (siehe Abschn. 3.1). Vor der Iterationsplanung werden sie weiter detailliert und in granularere User-Stories zerlegt. Der Fokus liegt zu Beginn eher auf

Vollständigkeit. Anforderungen, die noch lange nicht oder gegebenenfalls nie umgesetzt werden, müssen nicht von Anfang an durchdacht werden. Häufig wird zu Beginn die Visualisierungsmethode der „User Journey" bzw. Story Map verwendet. Hier erklärt der Produkt-Owner das Produkt und orientiert sich hierbei am Arbeitsfluss des zukünftigen Nutzers. Für jeden größeren Schritt schreibt er diesen auf ein Post-it und ordnet diesen von links nach rechts an. Jeder Schritt (Post-it) wird darunter detailliert. Hierdurch entsteht eine zweidimensionale Landkarte (siehe Abb. 2.6).

Story Maps bilden zu jedem Zeitpunkt das gesamte zu entwickelnde Produkt ab. Anhand einer Story Map können z. B. gut die Inhalte des „Minimal Viable Products" (MVP), die Inhalte der ersten Lieferung, diskutiert werden.

Für die nächste Iteration müssen die User-Stories so feingranular sein, dass sie leicht innerhalb des Sprints umsetzbar sind. So ist sie auch fassbarer und damit schätzbar. In der Sprint-Planung werden User-Stories in Aufgaben (Tasks) heruntergebrochen.

User-Stories werden häufig auf Story Cards, Karteikarten mit vorgegebener Struktur, geschrieben. Ein Beispiel-Template einer Story Card findet sich in Abb. 2.7. Inhalte sind insbesondere identifizierende Daten zur User-Story sowie die User-Story an für sich. Die Akzeptanzkriterien werden häufig auf der Rückseite einer Karteikarte festgehalten.

Eine Story Card besteht aus:

- eine identifizierende ID, wie z. B. „Prov01" für den Kontext Provisionierung
- einem aussagekräftigen Titel, der kurz und prägnant gehalten ist,
- User-Story an für sich nach dem Muster „Als <Rolle> möchte ich <Ziel oder Anforderung>, um <daraus folgenden Nutzen zu ziehen>"
- Priorität des Produkt-Owners
- Schätzwert
- Akzeptanzkriterien, die auf der Rückseite notiert werden (Abnahmekriterien)

Wichtig sind dabei sprachliche Regeln, wie z. B. die Verwendung von Aktiv- anstelle von Passiv-Formulierungen, und eine einfache Sprache ohne Fachbegriffe. Für jede User-

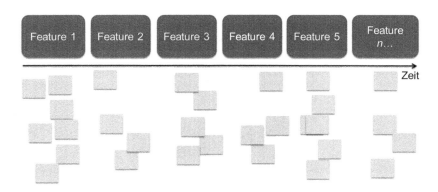

Abb. 2.6 Beispiel Story Map

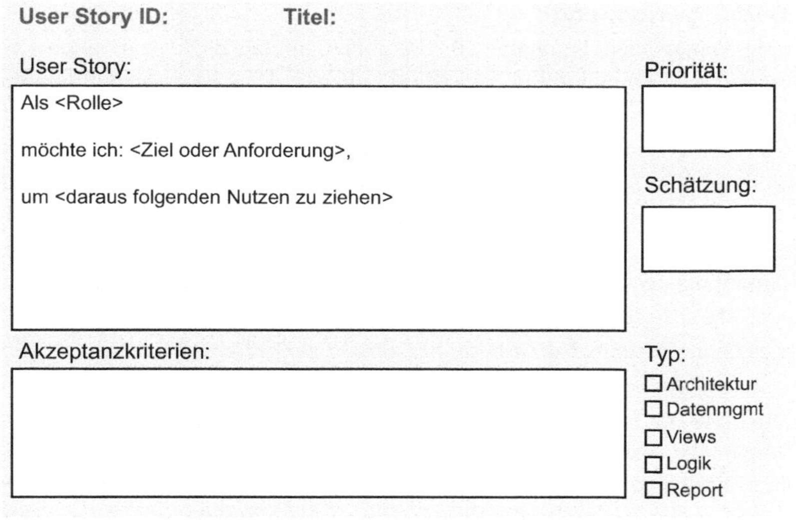

2.4 Agile Techniken

User Story ID: **Titel:**

User Story:

Als <Rolle>

möchte ich: <Ziel oder Anforderung>,

um <daraus folgenden Nutzen zu ziehen>

Akzeptanzkriterien:

Priorität:

Schätzung:

Typ:
☐ Architektur
☐ Datenmgmt
☐ Views
☐ Logik
☐ Report

Abb. 2.7 Beispiel-Template Story Card

Story wird eine Funktion oder ein Merkmal des zukünftigen Systems aus Anwenderperspektive beschrieben.

Die Definition von Akzeptanzkriterien kann über das Hinterfragen von Schlüsselworten über W-Fragen, wie „Wer?", „Wann?" und „Wie oft?" erfolgen. Hierzu müssen zuerst die Schlüsselwörter in der User-Story identifiziert werden.

In unserer User-Story könnten dies z. B. folgende Schlüsselwörter und folgende Fragen sein: User-Story: „Als Versicherungskunde von XYZ möchte ich online meine Versicherungsverträge einsehen können, um diese schnell prüfen zu können."

- „Versicherungskunde": Welche Art von Versicherungskunde? Hier könnten z. B. Endnutzer, Makler, Angestellter in der Versicherung oder weitere Arten unterschieden werden.
- „Online": Was heißt online? Über welche Kanäle? Zu welchen Zeiten?
- „Meine Versicherungsverträge": Gibt es Unterschiede zwischen den Kundenarten?
- „Einsehen": Was heißt einsehen? Soll eine Übersicht über die Verträge angezeigt werden? Sollen einzelnen Verträge herunterladbar sein? Sollen diese detailliert online angezeigt werden?

Durch diese Fragen wird der Kommunikationsprozess unterstützt. Lücken und Unklarheiten treten zu Tage. User-Stories werden entsprechend der Antworten immer weiter heruntergebrochen und füllen die Story Map. Auf dieser Basis kann dann gut eine Entscheidung für die Priorisierung z. B. in Richtung MVP (siehe Abschn. 2.4.2.4) getroffen werden. Akzeptanzkriterien werden zudem immer weiter konkretisiert.

Kann eine User-Story nicht in einer Iteration abgeschlossen werden, wird sie in kleinere aufgeteilt oder komplett in die nächste Iteration verschoben. Wesentlich ist hierfür die Abschätzung. Auf dieser Basis kann eine Entscheidung getroffen werden.

2.4.2.6 Backlog-Grooming

Das Backlog-Management beinhaltet alle Aufgaben, um ein Backlog möglichst vollständig, systematisch und qualitativ hochwertig zu pflegen. Dies ist essenziell, um die Kundenziele wirklich zu erreichen. Weitere Informationen hierzu finden Sie in Abschn. 3.2.

Von besonderer Bedeutung ist das Produkt-Backlog. Das Produkt-Backlog ist eine Sammlung sämtlicher Anforderungen, die das Produkt haben soll. Eine einzelne Anforderung wird als Backlog-Item bezeichnet. Die Anforderungen haben unterschiedliche Granularitäten (siehe Abschn. 3.2.1) entsprechend der Erfordernisse der Planungsebene und dem Kenntnisstand. Wenn die Anforderung noch unklar ist, ist sie häufig noch grob. Im Rahmen der Iterationsplanung wird sie dann weiter detailliert bis auf die Ebene von User-Stories (siehe Abschn. 2.4.2.5).

Die Schätzung der Komplexität der Anforderungen erfolgt über Story Points. Ein Story Point ist eine relative Maßeinheit zur Abschätzung des Aufwands für die Umsetzung der Anforderung (siehe Abschn. 2.4.2.1). So ist die Komplexität eines Backlog-Items mit 100 Story Points doppelt so hoch wie die eines Backlog-Items mit 50 Story Points. Der konkrete Aufwand ergibt sich aus der Erfahrung oder aus dem Projektverlauf. Die Einträge im Produkt-Backlog sind entsprechend ihrer Priorität angeordnet. Eine hohe Priorität erhalten die Backlog-Items, die aus Sicht der Kunden besonders wichtig oder dringlich sind. Niedrig priorisierte Backlog-Items sind Anforderungen, die verschoben, zurückgestellt oder gar nicht entwickelt werden müssen, wenn sie nicht in den Zeitrahmen und in das Budget passen.

Durch das **Backlog-Grooming** wird das Produkt-Backlog so vorbereitet, dass die prioren Backlog-Items möglichst gut für die Iterationsplanung vorbereitet sind. Die Backlog-Items, die für die nächste Iteration anstehen, müssen möglichst gut vom Team verstanden werden. Hierzu ist es häufig notwendig, dass sehr grobgranulare Anforderungen weiter heruntergebrochen werden (siehe Abschn. 3.2.1). Idealerweise sind die im Backlog oberen Items von möglichst gleicher Größe; tendenziell vorzugsweise eher klein als groß. Eine Best-Practice für die Größenordnung eines Items ist hierbei „nicht größer als ein Fünftel der Iteration". Akzeptanzkriterien müssen zudem vorliegen. Auf der Basis des gut gepflegten prioren Produkt-Backlogs kann das Team in der Sprint-Planung eine realistische Schätzung vornehmen. Für den Produkt-Owner wird die Pflege des Backlogs und die Releaseplanung erleichtert.

Hierfür muss explizit ein Grooming-Meeting mit circa 4–8 h in einem dreiwöchigen Sprint eingeplant werden. Hierdurch reduziert sich aber auch der Zeitbedarf für die Sprint-Planung. Zudem reduziert sich das Risiko, dass erst beim Planungsmeeting Abhängigkeiten oder Unklarheiten auftauchen. Diese können vorab angegangen werden.

Das Grooming-Meeting sollte in der Mitte einer Iteration durchgeführt werden. Der Produkt-Owner sammelt im Meeting Feedback zum Produkt-Backlog, den er vor der Sprint-Planung für die nächste Iteration in den Backlog einarbeiten kann. So hat er genügend Zeit für die Überarbeitung und kann in der Sprint-Planung auch bereits die Fragen des Teams beantworten. Meist führt das Grooming-Meeting zu Backlog-Items passender Größe für den nächsten Sprint.

2.4 Agile Techniken

Wesentliches zu einem Backlog-Grooming-Workshop:

- **Zweck:** Vorbereitung des Produkt-Backlog für die Sprint-Planung:
  - Hinzufügen von User-Stories oder gröber granularen Anforderungen („Epics")
  - Herunterbrechen von Anforderungen
  - Gegebenenfalls entfernen von überflüssigen oder ersetzten Anforderungen
  - Grobabschätzung von Anforderungen („Passen sie in die Iteration?")
- **Teilnehmer:** Produkt-Owner, Scrum-Master und Scrum-Team bei Scrum; bei Kanban das Team sowie der Board-Owner beziehungsweise Koordinator
- **Zeitpunkt:** In der Mitte einer Iteration; idealerweise ein fester Termin bei Scrum
- **Dauer:** Time-Box mit vier bis acht Stunden.
- **Ablauf:**
  1. **Auswahl Backlog-Items durch Produkt-Owner**
     Der Produkt-Owner stellt sein Ziel und benennt die gewünschten Backlog-Items und deren Priorität für den Sprint. Teammitglieder haben häufig auch die Möglichkeit, Items einzubringen. Die Entscheidung liegt aber beim Produkt-Owner.
  2. **Vorstellung Backlog Item für Backlog-Item durch Produkt-Owner**
     Backlog-Item für Backlog-Item wird vom Produkt-Owner vorgestellt. Im Team werden Lösungsvorschläge erarbeitet und besprochen. Insbesondere wird über die Granularität des Items gesprochen: „Ist das Item so klein, dass es in die nächste Iteration eingepasst werden kann?". Wenn die Anforderung inhaltlich besprochen ist, wird eine grobe Schätzung durchgeführt (siehe Abschn. 2.4.2.1).

2.4.3 Softwareauslieferungsprozess

Eine wesentliche Fähigkeit in der digitalen Welt ist die schnelle Bereitstellung von Produkten oder Produktänderungen bzw. -erweiterungen auf den unterschiedlichen Kanälen und Plattformen, wie z. B. Mobile. Nur so bleiben Unternehmen langfristig wettbewerbsfähig.

Auch innerhalb Unternehmen ist die schnelle Bereitstellung von Veränderungen wichtig, um schnelles Feedback zu erhalten. Nur, wenn ein Nutzer das Inkrement auch wirklich verwenden kann, entsteht Nutzen.

Wesentlich ist für beides ein schneller und qualitativ hochwertiger Softwareauslieferungs- und Inbetriebnahmeprozess. Dies schließt alle Aspekte von der Fertigstellung des Codes bis zum produktiven Betrieb ein. Insbesondere beinhaltet dies den Übergang von Entwicklung über Test bis hin zur Inbetriebnahme. Wichtig ist hierfür das „Continuous Delivery" und eine effektive und effiziente Zusammenarbeit zwischen Anwendungsentwicklung und IT-Betrieb über z. B. „DevOps" (siehe Abschn. 2.4.3.2).

2.4.3.1 Continuous Delivery

Continuous Delivery ist eine Sammlung von Techniken und Tools für einen schnellen, wiederholbaren, zuverlässigen und risikoarmen Prozess für das Bauen, Testen und Ausliefern neuer Softwarereleases. Continuous Delivery verbessert den Softwareauslieferungsprozess.

Das Ausrollen von Software wird weitgehend über die Continuous-Delivery-Pipeline automatisiert. Regressionstests sowie automatisiertes Build und Deployment sind hier wesentliche Beispiele. Die Kette der Continuous-Delivery-Pipeline wird zu einer automatisierten Pipeline für jedes „Increment of Potentially Shippable Product". Das Einchecken jeder Änderung am Sourcecode im Versions- und Konfigurationsmanagement triggert die Continuous-Delivery-Pipeline.

Die Stufen der Pipeline lassen sich über einen Build-Server abbilden, auf dem die den Stufen zugeordneten Aufgaben in mehreren Jobs modelliert werden. Die Komponenten der Software werden nach commit zuerst kompiliert. Dann werden die Unit-Tests durchgeführt, die die einzelnen Funktionen isoliert testen. Bei fehlerfreiem Durchlauf werden die erzeugten Binärartefakte paketiert und als (Installations-)Bundle in einem Repository abgelegt. Auf dieser Basis kann der Akzeptanztest in festgelegten Testumgebungen mit vorbereiteten Testdaten erfolgen. Das Bundle wird hierzu idealerweise automatisiert in der Testumgebung installiert und die Testdaten bereitgestellt (Testdaten-Management).

Bei den Akzeptanztests werden häufig unterschieden:

- Integrationstests, die das Zusammenspiel mehrerer Komponenten testen.
- Systemtests, die das Produkt aus Sicht des Nutzers prüfen. Akzeptanztests zur Überprüfung der formulierten Akzeptanzkriterien.
- Performance-, Lasttests oder Codeanalyse zur Überprüfung von nichtfunktionalen Anforderungen.

Diese Tests werden soweit möglich automatisiert und in die Pipeline eingefügt. Vor der Produktivsetzung sind neben automatisierten Tests auch manuelle fachliche Abnahmetests notwendig. Diese lassen sich nicht vollständig automatisieren.

Nach erfolgreichem Durchlauf durch alle Teststufen wird das Bundle idealerweise automatisiert getriggert auf dem Produktivsystem deployed und installiert.

Die Continuous-Delivery-Pipeline benötigt insbesondere folgende Elemente:

- Versions- und Konfigurationsmanagement zur Speicherung aller Artefakte und zur Änderungsverfolgung. Häufig wird getriggert durch das Commit zuerst die Einhaltung von Code-Konventionen überprüft oder erzwungen.
- Build-Server (oder auch Continuous Integration Server wie Jenkins), der getriggert durch ein Commit im Versions- und Konfigurationssystem das Bauen und Testen, inklusive typischerweise integriert mit einer statischen Codeanalyse, durchführt. Diese ermöglichen ein automatisiertes Testen und Erstellen von „Nightly"- oder „Release"-Versionen. Diese Versionen können dann automatisiert auf eine Entwicklungs-, Test-, Integrations- und Produktivumgebung deployt werden.

Wesentliche Prinzipien von Continuous Delivery sind:

- Test-driven-Development: Der Entwickler erstellt konsequent Tests von den zu testenden Komponenten. Das Erstellen von Tests ist essentieller Bestandteil der Softwareentwicklung. Jede Änderung der Software wird getestet.

- Build-Server: Neue Releasestände werden an zentraler Stelle nur ein einziges Mal gebaut und bereitgestellt.
- Rollforward statt Rollback: Bugs in der Produktion werden nicht gefixt, sondern ein korrigierter Softwarestand in der Continuous-Delivery-Pipeline bereitgestellt.

Der initiale Aufwand für eine Contiuous-Delivery-Pipeline ist nicht unerheblich. Jedoch wird hierdurch die Qualität und die Geschwindigkeit der Softwarebereitstellung erheblich gesteigert. Manuelle Fehler werden drastisch reduziert.

Eine der Erfolgsvoraussetzungen für eine funktionierende Continuous-Delivery-Pipeline ist das Zusammenspiel zwischen Anwendungsentwicklung und IT-Betrieb. Das Deployment und die Konfiguration der Anwendung müssen gemeinsam geplant und bei Bedarf angepasst werden. Dies ist häufig eine Herausforderung, da Anwendungsentwicklung in unterschiedlichen Organisationsbereichen, ggf. sogar Unternehmen, angesiedelt sind. Eine DevOps-Kultur ist zu etablieren. Siehe hierzu Abschn. 2.4.3.2.

Weitere Informationen zu Continuous Delivery finden Sie in [10].

▶ Für das digitale Geschäft ist Continuous Delivery erfolgsentscheidend. Die Verfügbarkeit muss aufgrund der Internationalität in der Regel 24/7 folgen. Es stehen keine langen Wartungsfenster mehr zur Verfügung. Neue Releases müssen schnell in Betrieb genommen werden.

2.4.3.2 DevOps

DevOps ist ein zusammengesetztes Wort aus „Development", der Anwendungsentwicklung, und „Operation", der IT-Betrieb. DevOps ist ein Ansatzpunkt zur Verbesserung der Zusammenarbeit zwischen Anwendungsentwicklung und IT-Betrieb durch gemeinsame Anreize, Prinzipien, Prozesse und Werkzeuge. Hierbei soll sowohl die Qualität der Produkte als auch die Geschwindigkeit und Zuverlässigkeit der Inbetriebnahme verbessert werden. Time-to-Market und Releasezyklen sollen verkürzt und der Aufwand und die Kosten für die Inbetriebnahme und den Betrieb sollen reduziert werden. Betriebsstörungen sollen schnell beseitigt werden. Dies ist essenzielle Voraussetzung für die digitale Transformation und das hierfür erforderliche Lean Startup (siehe Abschn. 2.4.2.4).

Die Art des Vorgehens, insbesondere auch in der Softwareentwicklung, ändert sich beim Lean Startup. Anstatt möglichst exakter Planung im Vorfeld, erstellen wir eine Hypothese über die elementaren Faktoren für den Erfolg des zukünftigen Produktes. Es geht dabei darum, den Nutzen des Produktes für unsere Kunden durch schrittweise Erweiterung bzw. Veränderung des Softwareproduktes zu verbessern. Am ausgelieferten Softwareprodukt testen wir die Hypothesen gezielt. Wir messen, wie die Kunden darauf reagieren. Aus dem Feedback leiten wir ab, wie wir die Software erweitern und optimieren können. Ziel ist es über das Feedback zu identifizieren, welche Wünsche und Bedürfnisse unsere Kunden wirklich haben. Dieser Zyklus aus Baue, Messe und Lerne wird in möglichst kurzen Zyklen durchlaufen. Essentiell ist dabei, dass wir in diesen kurzen Zyklen die Software bereitstellen können. Wesentlich ist hierfür die Continuous Delivery (siehe Abschn. 2.4.3.1), da dadurch wiederkehrende Schritte automatisiert werden. Ziel ist es

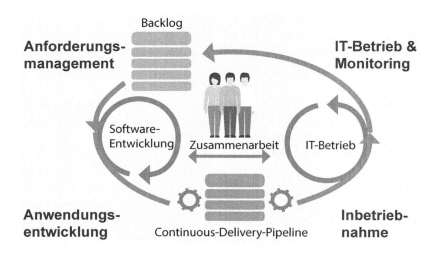

Abb. 2.8 DevOps im Überblick

dabei, dass neue Softwarereleases in kurzer Zeit, z. B. weniger als eine Stunde, ausgeliefert werden können.

Hierzu muss ein vollständiger Applikationslifecycle IT-Organisationsübergreifend konzipiert und etabliert werden. In Abb. 2.8 sind DevOps im Überblick dargestellt.

Bei DevOps gibt es unterschiedliche Herausforderungen:

- Funktionierende Continuous-Delivery-Pipeline; auch in der Cloud
- Transport der Artefakte von der Anwendungsentwicklung in den IT-Betrieb
- Fehlende Definition-of-Done (siehe Abschn. 2.4.1.3) und „unfertige" Features
- Organisationsstruktur und -kultur
- 24/7-Betrieb und Monitoring
- Informationssicherheit

Für den Erfolg von DevOps können anhand der Ziele Agilität und Verfügbarkeit Messgrößen abgeleitet werden. Agilität ist dabei die Fähigkeit, schnell auf sich verändernde Geschäftsanforderungen zu reagieren. Bei der Verfügbarkeit geht es in diesem Kontext insbesondere um die Minimierung der Fehlerrate nach Änderungen und der Zeit bis ein Bugfix bereitgestellt werden kann. Für die Überprüfung der Zielerreichung bei Agilität können z. B. die Dauer der Bereitstellungszyklen sowie die Reaktionsgeschwindigkeit auf Veränderungen der Geschäftsanforderungen und für die Verfügbarkeit die Fehlerrate von Bereitstellungen sowie die Mean-Time-to-Detect und Repair (MTTD, MTTR) genutzt werden.

Der Aufbau eines DevOps ist nicht einfach, da die häufig unterschiedlich „getaktete" Anwendungsentwicklung und der IT-Betrieb zusammengebracht werden müssen. Ausgangssituation ist häufig, dass fertigentwickelte Software im Rahmen der Inbetriebnahme von der Anwendungsentwicklung in den IT-Betrieb über den Zaun geworfen wird.

Ein gesteuerter Veränderungsprozess ist erforderlich. Häufig werden DevOps dabei in drei Stufen eingeführt:

1. **Gemeinsame Grundlagen schaffen und pilotieren**
   Anhand von einigen geeigneten Projekten z. B. für innovative Anwendungen aus dem Mobile Computing wird das Konzept für DevOps (DevOps Blueprint) entwickelt und direkt am lebenden Objekt erprobt. Komplexe Legacy-Anwendungen, die historisch gewachsen sind, sind aufgrund ihrer immanenten Komplexität und „Verkrustung" für die Pilotierung ungeeignet. Das gleiche gilt für Projekte aus dem regulatorischen oder gesetzlichen Umfeld, da diese in der Regel komplexe und restrikte Vorgaben für die IT-Governance stellen.
   Essentiell:
   - Gemeinsames Serviceverständnis schaffen durch virtuelle Teams, in den Anwendungsentwickler und Betrieb für die ausgewählten Anwendungsfälle zeitlich befristet zusammenarbeiten. Im ersten Schritt sollte noch keine Organisationsänderung erfolgen, da hierdurch unnötige Barrieren durch Ängste aufgebaut werden.
   - Aufbau der Contiuous-Delivery-Pipeline für die Projekte
   - Explizite Etablierung von Feedback-Prozessen, in den die Erfahrungen aller Beteiligten für die Optimierung der DevOps-Konzeption berücksichtigt werden.

2. **Ausrollen des DevOps-Blueprint**
   Die Verankerung des DevOps-Blueprints in der Organisation ist essentiell für dessen Erfolg. Umfangreiche Umbauarbeiten sind notwendig. Hierzu muss ein repräsentativer Querschnitt aus dem Portfolio der IT-Services ausgewählt werden. Für diese werden DevOps-Teams aufgebaut. Ausgangspunkt für die Bestimmung dieses Querschnitts ist die Analyse von Häufigkeiten sowie „Pains". Hieraus kann dann der mögliche Nutzen ermittelt werden.
   Parallel hierzu muss das Management die Aufbau- und Ablauforganisation ändern. Aus zeitlich befristeten Teams werden feste Einheiten bestehend aus Entwicklungs- und Betriebsanteilen.
   Essentiell:
   - Standardisierung und Homogenisierung von technischen Bausteinen und Infrastrukturelementen
   - Vereinheitlichung von Projektabwicklungs-Vorgehensmodellen
   - Virtualisierung von IT-Ressourcen, um die Umgebungen schnell bereitstellen zu können
   - Weiterentwicklung und Stabilisierung der Contiuous-Delivery-Pipeline, um den Automatisierungsgrad zu erhöhen und manuelle Eingriffe zu reduzieren
   - Keine Gefährdung von Projekten durch den Umbau
   - Kontinuierliche Optimierung des DevOps-Blueprints

3. **Durchdringung des DevOps-Blueprints**
   Durchdringung des DevOps-Blueprints ganzheitlich in der IT-Organisation, IT-Governance und auf der technischen Seite umsetzen.

In der Schnittstelle mit den Kunden ist es dabei wichtig sicherzustellen, dass nur alle für den Geschäftsnutzen relevanten Umstrukturierungen erfolgen. Augenmaß ist hier wichtig, um die Organisation nicht zu überfordern. Gewohnte Arbeitsweisen werden in Frage gestellt. Dies löst Ängste bei Mitarbeitern aus.

Auf der technischen Seite muss jedoch alleine, um Aufwände und Unklarheiten zu reduzieren, die Contiuous-Delivery-Pipeline flächendeckend ausgebaut und die Standardisierung und Vereinheitlichung flächendeckend betrieben werden.

Die Veränderung von einer klassischen Rollenverteilung zwischen Anwendungsentwicklung und IT-Betrieb ist groß. Ein gesteuerter Veränderungsprozess ist wichtig, in dem sich alle Beteiligten auf allen Ebenen des Unternehmens bewegen.

Literatur

1. Hanschke I (2013) Strategisches Management der IT-Landschaft. Ein praktischer Leitfaden für das Enterprise Architecture Management, 3. Aufl. Hanser-Verlag, München
2. Hanschke I (2014) Lean IT-Management einfach & effektiv – Der Erfolgsfaktor für ein wirksames IT-Management, 1. Aufl. Hanser-Verlag, München
3. Leffingwell D (2016) Scaled agile framework reference guide: scaled agile framework® for lean software and systems engineering, 1. Aufl. Addison-Wesley, Boston
4. Larman C, Vodde B (2016) Large-Scale scrum: more with LeSS, 1. Aufl. Addison-Wesley Professional, Boston
5. Hanschke I (2017) Digitalisierung und Industrie 4.0 einfach & effektiv, 1. Aufl. Hanser-Verlag, München
6. Hanschke I, Giesinger G, Goetze D (2015) Business-Analyse – einfach und effektiv, 2. Aufl. Hanser-Verlag, München
7. Beck K, Andres C (2004) Extreme programming explained: embrace change: embracing change, 2. Aufl. Addison-Wesley Professional, Reading
8. Greenleaf RK (2015) The Servant als Leader, 1. Aufl. The Greenleaf Center of Servant Leadership, Westfield
9. Ries E (2011) The lean startup: how constant innovation creates radically successful businesses, 1. Aufl. Portfolio Penguin, London
10. Wolff E (2016) Continuous delivery: Der pragmatische Einstieg, 2. Aufl. dpunkt verlag GmbH, Heidelberg

Produkt-Owner 3

> **Zusammenfassung**
>
> Bei der Einführung von agilen Methoden, wie Scrum und Kanban, entstehen häufig insbesondere an der Nahtstelle zum Business Probleme. Hier prallt häufig die agile Organisation mit der klassisch hierarchisch geprägten Organisation aufeinander. In diesem Kapitel werden einerseits die typischen Schmerzen und andererseits mögliche Lösungen aufgezeigt.

Die Rolle des Produkt-Owner und das systematische Management des Produkt-Backlogs sind Erfolgsfaktoren agiler Projekte. Der Produkt-Owner entscheidet, welche Anforderungen umgesetzt und wann die Software in Betrieb genommen werden kann. Er ist fachlich verantwortlich für das entstehende Produkt und legt die fachlichen Anforderungen und die Prioritäten im Produkt-Backlog fest.

Der Produkt-Owner repräsentiert die Fachseite. Häufig ist er nicht selbst der fachliche Entscheider, sondern vertritt diesen in dem agilen Team und stimmt die Anforderungen und Prioritäten mit diesen ab. Dann ist er ein Vermittler zwischen der fachlichen und technischen Welt. Er muss einerseits verstehen, was der Kunde (sein Fachbereich) wirklich braucht und andererseits hat er die Verantwortung für die zeitnahe Anforderungsdefinition und Verfeinerung der Anforderungen in der agilen Planung. Er muss Sorge dafür tragen, dass Entscheidungen zeitnah vom fachlichen Entscheider getroffen werden. Dies ist nicht immer einfach, da das agile Team fachlichen Input und Prioritäten zeitnah benötigt. Gleichzeitig ist der Produkt-Owner gegebenenfalls nicht handlungsfähig, da ihm die Entscheidungskompetenzen fehlen.

Für erfolgreiche agile Projekte muss der Produkt-Owner seine Aufgaben professionell wahrnehmen. Schauen wir uns die typischen Fallstricke nochmals an und suchen nach Lösungsmöglichkeiten. Typische Fallstricke und Lösungsmöglichkeiten im Kontext Produkt-Owner sind (siehe Abschn. 2.3):

A. **Produkt-Owner steht zeitlich nicht ausreichend oder nicht zeitnah für das Projektteam zur Verfügung,** da er z. B. im Tagesgeschäft oder bei anderen Projekten gebunden ist. So steht er nicht ausreichend oder zeitnah für Anforderungsklärung oder Fragen sowie für das fachliche Testen zur Verfügung.
   Lösungsansätze:

   - Produkt-Owner wird komplett oder zum überwiegenden Anteil für das Projekt geblockt. Wenn dies nicht möglich ist, dann gibt es gute Erfahrungen mit festen Anwesenheitszeiten, wie z. B. „jeden Vormittag".
   - Der Produkt-Owner sitzt beim agilen Team. Er ist ein integraler Bestandteil eines agilen Teams, der bei allen Routinen, wie Daily-Scrum, teilnimmt. Durch die enge Verzahnung bekommt er (als Zuhörer) viel von den Diskussionen und Problemen mit und kann aktiv bei der Problemlösung helfen. Diese Informationen helfen ihm zudem bei der Anforderungserhebung und -priorisierung sowie dem Zerlegen von Anforderungen in User-Stories.

B. **Produkt-Owner ist keine Einzelperson.**
   Mehrere fachliche Verantwortliche bringen ihre Anforderungen ein. Ein klarer Ansprechpartner für das agile Team und eine übergeordnete Priorisierung fehlen.
   Lösungsansätze:

   - Gegebenenfalls ist eine Zerlegung des Projektes angeraten, wenn es sich um mehrere Produkte handelt. Über Techniken wie Scrum-of-Scrums (siehe Abschn. 2.3.1) kann dann das Gesamtprojekt gemanagt werden.
   - Eskalation durch den Scrum-Master und mit Unterstützung vom Management eine Lösung finden. Der Produkt-Owner muss eine Einzelperson sein.

C. **Fehlende Einbindung in agile Routinen, wie Daily-Scrum, Sprint-Review oder Retrospektive**
   Der Produkt-Owner ist integraler Bestandteil des agilen Teams und kann seine Rolle nur dann ausfüllen, wenn er bei den agilen Routinen teilnimmt und dort seine Rolle wahrnimmt. Dies kann sowohl vom Produkt-Owner als auch vom Scrum-Master bzw. Koordinator als auch von Mitgliedern des agilen Teams ausgehen. Neben dem Produkt-Owner ist auch das Feedback von weiteren relevanten Stakeholdern zudem relevant.
   Lösungsansätze:

   - Einfordern der Teilnahme; im Notfall Eskalation.
   - Training der agilen Methoden und Erläuterung der Zusammenhänge.
   - Neben dem Produkt-Owner auch noch wesentliche Stakeholder, wie die zukünftigen Anwender, bei zumindest dem Sprint-Review einbeziehen.

D. **Fehlende Entscheidungskompetenzen des Produkt-Owners**
   Produkt-Owner hat keine ausreichenden Entscheidungskompetenzen und kann erst nach Rücksprache mit dem oder Genehmigung vom fachlichen Entscheider fachliche

Anforderungen und Prioritäten committen. Dies führt häufig zu Verzögerungen bis hin zum Leerlauf und Demotivation im Scrum-Team. Er wird zwischen Kunden und dem Entwicklungsteam zerrieben, da er seine Rolle auch mit großen persönlichen Anstrengungen nicht ausfüllen kann.

Es gibt unterschiedliche Ursachen für fehlende Entscheidungskompetenzen des Produkt-Owners. So fehlt z. B. ein guter Draht zwischen Kunden und Produkt-Owner („die Chemie stimmt nicht") oder die organisatorische Zuordnung (siehe Abschn. 5.1.2 und 3.1) passt nicht. Der Produkt-Owner hat nicht das Mandat, die Interessen des fachlichen Entscheiders zu vertreten.

Lösungsansätze:

- Der Produkt-Owner wird vom fachlichen Entscheider(kreis) benannt oder festgelegt und nicht „fremd verordnet". Hier gibt es unterschiedliche Arten der organisatorischen Zuordnung (siehe Abschn. 3.1).
- Der Produkt-Owner erhält ausreichende Entscheidungskompetenzen. Durch klare Regeln, wann der Produkt-Owner selbst und wann eine Zustimmung eingeholt werden muss, muss ein klarer Rahmen vorgegeben werden.
- Nutzung von Backlog-Grooming (siehe Abschn. 2.4.2.6), um einerseits Klarheit über die Anforderungen für den nächsten Sprint zu erlangen und andererseits ausreichend Zeit für eine Abstimmung mit den fachlichen Entscheidern zu erhalten. Das Grooming-Meeting sollte in der Mitte einer Iteration durchgeführt werden.

E. **Unzureichendes Backlog-Management**

Wenn das Produkt-Backlog nicht gut gepflegt ist, fehlt eine fundierte Grundlage für die Sprint-Planung. Beschreibung, Granularität oder/und Vollständigkeit lassen dabei oft zu wünschen übrig oder aber es gibt keine klare oder eindeutige Priorisierung.

Lösungsansätze:

- Systematisches Backlog-Management (siehe Abschn. 2.4.2.6 und 3.2).
- Einführung einer Demand Management Plattform, wie z. B. Jira (siehe [1]).

F. **Unzureichende Skills**

Ein Produkt-Owner ist ein Business-Analyst und benötigt für seine Aufgaben fachliche, technische, methodische und soziale Kompetenz. Er ist Vermittler zwischen den fachlichen und technischen Welten. Er muss einerseits verstehen, andererseits muss er fachliche Lösungsvorschläge in Diskussion mit dem agilen Team gestalten, die technisch machbar sind, und sicherstellen, dass sie auch umgesetzt werden. Das stellt hohe Anforderungen an den Produkt-Owner (siehe Abschn. 3.1.2).

Hilfestellung bietet dem Produkt-Owner die Methoden der Business-Analyse (siehe Abschn. 3.1.2). Diese Klaviatur muss er neben Kommunikations-, Moderations- und Präsentationsfähigkeiten spielen können, um zwischen der fachlichen und technischen Welt vermitteln zu können. Erst, wenn er dieses Instrumentarium effektiv einsetzen kann, wird er als kompetenter Ansprechpartner von Stakeholdern auf allen Entscheidungsebenen in Business und IT akzeptiert.

Lösungsansätze:

- Ausbildung von Produkt-Owner insbesondere im Hinblick auf die Business-Analyse-Fähigkeiten und die Präsentations- und Kommunikationsskills.
- Pair-Business-Analyse, in dem ein erfahrener und ein noch nicht so erfahrender Business-Analyst gemeinsam die Aufgaben erledigt.
- Coaching von Business-Analysten.

Im Folgenden schauen wir uns die Rolle des Produkt-Owners und das systematische Management der Geschäftsanforderungen etwas näher an.

3.1 Rolle Produkt-Owner

Die Rolle des Produkt-Owners ist sehr anspruchsvoll. Er muss sowohl Fachexperte als auch ein erfahrener Business-Analyst sein und über ausreichend technisches Know-how verfügen, um mögliche Lösungen einschätzen zu können. Zudem muss er fachliche Entscheidungen, d. h. Inhalte und Prioritäten, treffen können und dürfen sowie für Rückfragen für das Projektteam zu Verfügung stehen (Kunden vor Ort – „On-Site-Customer").

Die Aufgaben des Produkt-Owners sind:

- **Erarbeiten der Produktvision** gemeinsam mit den fachlichen Verantwortlichen und weiteren wesentlichen Stakeholdern. Diese Vision ist das Leitbild für das agile Team, das am Kick-off-Meeting vorgestellt wird.
- **Backlog-Management und Backlog-Grooming** (siehe Abschn. 2.4.2.6 und 3.2) als Basis für die Sprint-Planung. Dokumentieren, Pflegen, Zerlegen und Verschmelzen sowie insbesondere Priorisierung von Anforderungen.
- **Aktive Mitwirkung bei der Sprint-Planung** zur Festlegung der Inhalte des nächsten Sprints.
- **Fachlicher Ansprechpartner für das agile Team** für Rückfragen. Er beantwortet Fragen und trifft fachliche Entscheidungen möglichst zeitnah. Er ist permanent ansprechbar und hat ein offenes Ohr für Wünsche und Anregungen sowie Feedback.
- **Teilnahme bei den agilen Routinen**, wie z. B. Daily-Scrum, Review und Retrospektive (siehe Abschn. 2.4).
- **Abnahme der Sprint-Ergebnisse** im Rahmen des Sprint-Reviews oder im Anschluss durch Begutachtung und fachliches Testen.

Dieses hohe Skill-Profil gepaart mit Entscheidungskompetenzen oder Nähe zu Entscheidern und ausreichender zeitlicher Verfügbarkeit findet man in der Praxis sehr selten. Wichtig sind hier eine passende organisatorische Zuordnung und ausreichend fachliche, technische, methodische und soziale Skills.

3.1.1 Organisatorische Zuordnung des Produkt-Owners

Für ein funktionierendes Demand Management müssen die Entscheidungskompetenzen und -regeln sowie die organisatorische Einbettung der Produkt-Owner festgelegt werden. Bei der organisatorischen Zuordnung gibt es unterschiedliche Möglichkeiten. Der Produkt-Owner kann entweder im Business oder in der IT angesiedelt sein, ohne dass sich dies auf seine Projektrolle auswirkt.

Folgende organisatorische Zuordnungen sind möglich:

- **Produkt-Owner im Fachbereich**
  Die Produkt-Owner sind klar einem Fachbereich (z. B. Vertrieb) zugeordnet und dem Fachbereichsverantwortlichen disziplinarisch unterstellt oder er ist selbst der Fachbereichsverantwortliche. Häufig übt der Produkt-Owner auch noch die allgemeine Demand Management Rolle, häufig IT-Koordinator genannt, als fachlicher Vertreter des Fachbereichs aus. Diese Zuordnung bringt den Vorteil mit sich, dass der IT-Koordinator schon organisatorisch eng mit dem Fachbereich verdrahtet und von diesem akzeptiert ist. Er hat so das Mandat, die Interessen des Fachbereichs zu vertreten.
- **Stabsstellen im Business**
  Produkt-Owner in einem Stabsbereich im Business haben in der Regel zudem übergeordnete Aufgaben, z. B. im Kontext eines Prozess- oder Business Capability Managements. Sie verfügen dadurch über ausreichende Business-Analyse Fähigkeiten. Organisatorisch sind sie häufig im Organisationsbereich des Unternehmens anzutreffen.

  Produkt-Owner aus Stabstellen im Business werden häufig dann herangezogen, wenn im Fachbereich keine ausreichenden Kapazitäten und Business-Analyse Fähigkeiten vorhanden sind bzw. vermutet werden. Jedoch fehlt ihnen sowohl die fachliche als auch technische Nähe.
- **Produkt-Owner in der Demand Management Einheit in der IT**
  In IT-Organisationen findet man zunehmend separate Demand Management Einheiten, als Vermittler zwischen den Fachbereichen und den IT-Umsetzungseinheiten. Das Demand Management ist in der Regel entsprechend der Business-Organisation aufgestellt. So gibt es z. B. jeweils eine separate Einheit für den Vertrieb und die Fertigung. Produkt-Owner in dieser Demand Management Einheit sind dann die Vermittler für eine zugeordnete Business-Einheit (oder eines Teilausschnitts daraus). Sie werden z. B. Demand Manager Vertrieb genannt.

  Diese Zuordnung ist ebenso schwierig wie bei den Stabstellen im Business, da sie insbesondere keine fachliche und technische Nähe haben. Sie werden häufig sowohl von den Fachbereichen als auch der IT-Umsetzung außen vorgelassen und nur dann einbezogen, wenn dies formal gefordert ist. Der Erfolg steht und fällt hier mit der

fachlichen, technischen, methodischen und vor allen Dingen sozialen Kompetenz des Produkt-Owners (siehe Skill-Profil Produkt-Owner in Abschn. 3.1.2).
- **Produkt-Owner in der IT-Umsetzungseinheit**
In agilen Organisationen findet man immer häufiger Business-Analysten direkt in der IT-Umsetzungseinheit. Die IT-Umsetzungseinheiten sind dabei in der Regel entsprechend der Business-Organisation aufgestellt. Hier sind insbesondere DevOps (siehe Abschn. 2.4.3.2) auch zu nennen, die einen vollständigen Applikationslifecycle vom Anforderungsmanagement bis hin zum IT-Betrieb umsetzen.

Die Umsetzungsnähe ist der Vorteil dieser Zuordnung. Bei agilen Organisationen ist in der Regel auch eine fachliche Nähe gegeben.

Die organisatorische Zuordnung des Produkt-Owners gepaart mit der Unternehmenskultur erleichtert oder erschwert seine Aufgaben. Sie hängt stark von der Organisation des Demand Managements und der Gesamtorganisation (siehe Kap. 5) ab. In Abb. 3.1 finden Sie ein Beispiel einer Demand Management Organisation (siehe [1]).

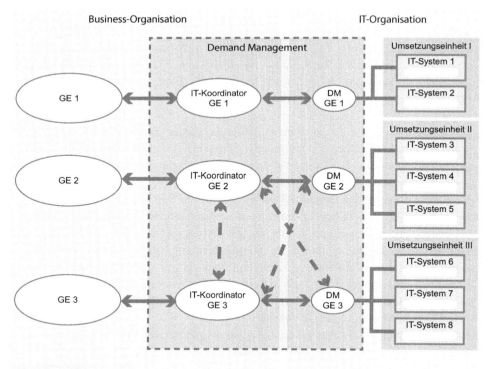

Abb. 3.1 Demand Management Organisation (siehe [1])

3.1 Rolle Produkt-Owner

▶ **Demand Management** Das **Demand Management** ist die Disziplin für das Management der strategischen und operativen Geschäftsanforderungen. Es geht darum, im Zusammenspiel zwischen Business und IT, die Geschäftsanforderungen möglichst angemessen, kostengünstig und trotzdem tragfähig und zeitgerecht in den Geschäftsprozessen und in der IT-Unterstützung umzusetzen (siehe [1]).

Unabhängig von der organisatorischen Zuordnung muss der Produkt-Owner über ausreichend fachliche, technische, methodische und soziale Skills verfügen. Schauen wir uns das Kompetenzprofil etwas näher an.

3.1.2 Kompetenzprofil eines Produkt-Owners

Ein Produkt-Owner ist letztendlich ein Business-Analyst mit hohen fachlichen und sozialen Kompetenzen. Stakeholder müssen immer wieder „an einen Tisch" gebracht werden. Geschäftsanforderungen sind kritisch hinsichtlich ihres Beitrags zu den operativen, taktischen und strategischen Zielen zu hinterfragen und zu bewerten. Damit das gelingt, muss der Business-Analyst die Ziele seines Kunden und des Unternehmens kennen und einen Überblick über alle Anforderungen im Kontext und mit Querbezügen haben. Er benötigt ein gutes Verständnis für die Aufgabenbereiche aller Beteiligten. Erfahrung als Moderator, im Erwartungsmanagement sowie Verhandlungsgeschick sind Voraussetzung dafür, dass Entscheidungen getroffen und nicht durch endlose Abstimmungen verzögert werden. Hilfestellung bietet dem Business-Analysten das Instrumentarium der Business-Analyse. Auf Grundlage seiner methodischen Kenntnisse kann er dieses Instrumentarium effektiv einsetzen und ist als kompetenter Ansprechpartner von Stakeholdern auf allen Entscheidungsebenen in Business und IT akzeptiert. Siehe hierzu [1].

▶ **Business-Analysten** Die Hauptakteure im Demand Management sind die Business-Analysten. Sie nehmen Geschäftsanforderungen auf, strukturieren, klassifizieren, analysieren und bewerten sowie gestalten und planen die Umsetzungspakete wie z. B. Projektanträge oder Wartungsmaßnahmen. Business-Analysten fungieren als Brücke zwischen den Fachbereichen und der IT. Sie managen die Geschäftsanforderungen der Fachbereiche und übersetzen die Anforderungen in die jeweilige „Sprache". Zudem stellen sie sicher, dass die Geschäftsanforderungen wirklich umgesetzt werden. Siehe hierzu ([1]).

Das Kompetenzprofil eines Business-Analysten sieht wie folgt aus (siehe [1]):

- **Fachliche Expertise**
  Der Business-Analyst
  – hat einen guten Überblick über seine Aufgabenbereiche, Business Capabilities und Geschäftsprozesse der Geschäftseinheiten, für die er tätig ist,
  – kennt die strategische Ausrichtung der Geschäftseinheiten und die daraus resultierenden strategischen Geschäftsanforderungen,

- ist in der Lage, Geschäftsanforderungen inhaltlich zu verstehen und zu hinterfragen,
- kann Geschäftsanforderungen im fachlichen Kontext hinsichtlich ihres Beitrags zum wirtschaftlichen Erfolg sowie zu den operativen, taktischen und strategischen Zielen einer Geschäftseinheit und des Gesamtunternehmens einordnen.

- **Technische Expertise**
  Der Business-Analyst
  - kann in Abstimmung mit IT-Einheiten Lösungsansätze hinsichtlich Angemessenheit und Komplexität einschätzen,
  - wirkt aktiv bei der Bewertung von Lösungsalternativen mit und
  - hat dabei auch die kurz- und mittelfristige Weiterentwicklung seiner Produkte im Blick.

- **Methodische Expertise**
  Der Business-Analyst
  - kennt die Verfahren und Methoden der Business-Analyse,
  - ist versiert im Umgang mit den Ergebnistypen der Business-Analyse,
  - kann beurteilen, mit welchen Mitteln Geschäftsanforderungen für Stakeholder im Business und IT übersichtlich, verständlich und hinreichend genau dargestellt werden können und
  - kann effektiv und effizient die im Kontext passenden Methoden und Ergebnistypen anwenden.

- **Persönlichkeit**
  Der Business-Analyst
  - hat ausgeprägte Fähigkeiten in Organisation, Kommunikation, Moderation und Konfliktmanagement,
  - ist in der Lage, Entscheidungen herbeizuführen,
  - besitzt hervorragende analytische Fähigkeiten und Abstraktionsvermögen und kann sich schnell in neue Themengebiete einarbeiten,
  - kann konkrete Inhalte und abstrakte Ideen vermitteln,
  - zeigt Empathie für alle Stakeholder und akzeptiert diese mit ihren jeweils berechtigten Interessen und ihren persönlichen Stärken und Schwächen.

Das obige Kompetenzprofil eines Business-Analysten ist ein Maximalprofil, das nur wenige Mitarbeiter in einer Person vereinigen. Von besonderer Bedeutung ist insbesondere die fachliche und soziale Kompetenz sowie Expertise im systematischen Management der Geschäftsanforderungen (siehe Abschn. 3.2). Über ein stetiges Lernen und Weiterbildung kann ein Business-Analyst seine Schwächen zunehmend schließen. Solange dies noch nicht der Fall ist, ist es wichtig, Experten in dem jeweiligen Umfeld miteinzubeziehen.

Welche Business-Analyse-Fähigkeiten sind erforderlich? Dies schauen wir uns noch etwas näher an.

3.1.2.1 Business-Analyse Fähigkeiten (siehe [1])

Die wesentlichen Ziele der Business-Analyse sind:

- Fachliche und organisatorische Strukturen und Zusammenhänge im Unternehmen sowie Änderungsbedarf und Auswirkungen von Änderungen verstehen.
- Fachliche Lösungen für strategische und operative Geschäftsanforderungen gestalten.
- Die Umsetzung der fachlichen Lösung effektiv steuern.
- Geschäftsanforderungen und Lösungsansätze verständlich und effektiv mit den Beteiligten kommunizieren.

Ein Business-Analyst ist ein Vermittler zwischen den fachlichen und technischen Welten. Er muss die wirklichen Anforderungen ermitteln und hierfür hinterfragen, alternative fachliche Lösungsmöglichkeiten ebenso wie Konsequenzen und Risiken aufzeigen. Hierzu muss er auch mal „Nein" sagen können, selbst, wenn Druck auf ihn ausgeübt wird.

Wesentlich für das Erreichen der Ziele sind geeignete Modelle für das Verstehen, Gestalten, Steuern und Kommunizieren. Durch die systematische und einheitliche Darstellung von den für den jeweiligen Sachverhalt wesentlichen Elementen und Aspekten wird eine Arbeitsgrundlage für die Business-Analyse geschaffen.

▶ **Business-Analyse** Business-Analyse ist die Tätigkeit zur Identifikation von Geschäftsanforderungen sowie Ableitung und Herbeiführung von fachlichen Lösungen, die Unternehmen helfen, ihre Ziele zu erreichen. Eine Lösung besteht oft in der Bereitstellung von IT-Komponenten, kann aber auch Prozessverbesserungen oder organisatorische Änderungen umfassen (siehe [1]).

Wesentliche Ergebnistypen der agilen Business-Analyse sind (siehe Abb. 3.2 und [1]):

- **Produkt-Backlog**
  Das Produkt-Backlog ist eine geordnete Auflistung der Anforderungen an das Produkt. Es verändert sich im Projektverlauf. Anforderungen kommen hinzu und werden aufgeteilt oder verschmolzen. Dir Priorität der Anforderungen kann sich ebenso verändern.

  Das Produkt-Backlog ist das zentrale Instrument für das systematische Management der Geschäftsanforderungen. Die Geschäftsanforderungen werden systematisch in einer festgelegten Struktur aufgenommen und bewertet.
- **Fachliche Komponentenmodelle**
  Ein fachliches Komponentenmodell gliedert die einzelnen, IT-technisch umgesetzten oder umzusetzenden Funktionen, in fachliche Cluster, die Komponenten (siehe [1]).
- Ein **Use-Case** beschreibt das nach außen hin für den Nutzer eines Systems sichtbare Verhalten.

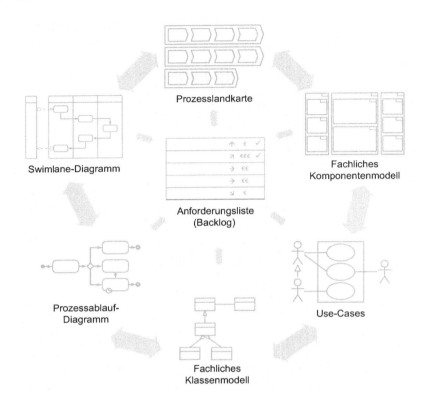

Abb. 3.2 Ergebnistypen Business-Analyse

- Das **fachliches Klassenmodell** stellt die wesentlichen Entitäten und deren Beziehungen sowie Geschäftsregeln dar.
- Geschäftsprozesse werden über eine **Prozesslandkarte** im Überblick, auf taktischer Ebene über ein **Swimlane-Diagramm** sowie auf operativer Ebene über **Prozessablauf-Diagramme** dokumentiert.

Eine Prozesslandkarte beschreibt die Geschäftsprozesse im Überblick. Swimlane-Diagramme dienen zur Visualisierung von Zuständigkeiten von Teil-Geschäftsprozessen. Ein Prozessablauf-Diagramm zeigt einen Prozessablauf im Detail. Er beschreibt, die Auslöser eines Prozesses, die Aktivitäten und deren Reihenfolge und Bedingungen sowie wer die Aktivitäten ausführt.

Durch Visualisierungen, die auf die jeweiligen Kommunikationspartner des Business-Analysten zugeschnitten sind, wird die Kommunikation erheblich vereinfacht. So werden z. B. Organisationsbrüche über Swimlane-Diagramme einfach ersichtlich.

Beschränken Sie sich auf die für Sie wesentlichen Ergebnistypen und legen Sie für diese Modellierungsrichtlinien fest. Nur durch eine einheitliche Verwendung der Ergebnistypen sind Modelle für andere Stakeholder ohne großen Erklärungsaufwand verständlich.

Grundlegend sind aber die Business-Analyse-Techniken, um die wesentlichen Anforderungen zu identifizieren und zu dokumentieren. Beispiele hierfür sind:

- **Kano-Modell** und andere Techniken zur Klassifikation von Anforderungen (siehe [1])
- **5 W-Fragetechnik, Gemba-Walk** und **Kundenwertanalyse** (siehe [2]) neben anderen Ermittlungs- und Dokumentationstechniken (siehe [1])

Eine professionell durchgeführte Business-Analyse ist die Voraussetzung für das systematische Management der Geschäftsanforderungen.

3.2 Systematisches Management der Geschäftsanforderungen

Ein gut gepflegtes, aktuelles und priorisiertes Produkt-Backlog (siehe Abb. 3.3) ist eine Voraussetzung für ein erfolgreiches agiles Projekt. Anforderungen müssen einheitlich und verständlich zusammen mit Akzeptanzkriterien vorliegen und permanent erweitert, ergänzt, verfeinert und gepflegt werden, so dass das agile Team nicht behindert und auf Anforderungen „warten" muss.

Das systematische Management der Flut der Geschäftsanforderungen ist nicht einfach. Die Geschäftsanforderungen werden vom Anforderungssteller in unterschiedlicher Granularität, Konkretisierung, Dringlichkeit und Wichtigkeit benannt. Riesige Papier-

ID	Titel der Anforderung	Inhalt	Art	Status(*)
1	Neue Anforderung	Anforderung ...	F	Neu
1.1	...	Anforderung ...	F	
2	...	Anforderung ...	F	Abgestimmt
2.1		Anforderung ...	F	
2.2		Anforderung ...	F	
2.3		Anforderung ...	F	
3	...	Anforderung ...	NFA	Bewertet
4	...	Anforderung ...	F	Abgeschlossen
5	...	Anforderung ...	NFA	Bewertet

Abb. 3.3 Beispiel Produkt-Backlog

berge und Modelle sind zu durchdringen und zu verstehen. Spreu muss vom Weizen getrennt und die „richtigen Dinge richtig" identifiziert werden. Beispiele hierfür sind (siehe [1]):

- „Das neue Geschäftsmodell X muss ermöglicht werden."
- „Außendienstanbindung muss verbessert werden."
- „In Maske 4711 das Feld XYZ 5 cm nach rechts verschieben."
- „Fehlermeldung erscheint bei Rechnungsdruck."

Die Herausforderung ist zu verstehen, was der Kunde wirklich benötigt und dies in adäquate fachliche Lösungen umzusetzen. Hier gibt es unterschiedliche Herausforderungen:

- **Durchmischung von Problem und Lösung**
  Häufig benennen Anforderungssteller nicht ihr Ziel oder ihr Problem, sondern die gewünschte Lösung ohne sich hierüber intensiv Gedanken gemacht zu haben. Auch Business-Analysten selbst, durchmischen dies häufig. Hier ist es wichtig der Anforderung auf den Grund zu gehen. Techniken, wie z. B. 5 W-Fragen, finden hier Anwendung. Bei 5 W werden maximal fünfmal „Warum"-Fragen gestellt und so der Kern der Anforderung ermittelt.

  Wesentlich ist es aber auch, die wörtliche Formulierung der Anforderung des Anforderungsstellers, den **„O-Ton Kunde"**, aufzunehmen und klar von den Lösungsfunktionalitäten zu trennen. Durch eine Zuordnung kann dann die Abdeckung transparent gemacht werden. Weitere Informationen hierzu finden Sie in [1].

- **Herauskitzeln von Basis- und Begeisterungsanforderungen (Kano-Modell)**
  Häufig werden nur gewünschte Funktionalitäten (Leistungsanforderungen) explizit vom Anforderungssteller benannt. Basisanforderungen, wie z. B. Bremsen beim Fahrrad, führen bei Nichtvorhandensein zu Unzufriedenheit. Sie werden einfach erwartet aber in der Regel nicht benannt, da als selbstverständlich angenommen. Nach Basisanforderungen muss daher in der Business-Analyse explizit nachgefragt werden. Ähnlich verhält es sich mit den Begeisterungsanforderungen, die ein „Leuchten in den Augen des Anforderungsstellers" auslösen. Der Anforderungssteller rechnet nicht mit der Umsetzung, freut sich aber um so mehr und verzeiht auch ggf. die ein oder anderen fehlenden Features oder Fehler. Beispiele hierfür sind Sonderausstattungen im Auto oder aber automatisierte Berechnungen.

- **Veränderung der Anforderung über die Zeit**
  Anforderungen verändern sich über die Zeit („Moving Target") (siehe Abb. 1.1). Am Anfang eines Projektes sind die Ziele, Anforderungen und Randbedingungen oft vage oder nicht bekannt. Der Kunde weiß häufig nicht genau, wie das Ergebnis im Detail aussehen soll. Mit zunehmenden Erkenntnisgewinn schärfen sich die Anforderungen. Zudem verändern sich Randbedingungen und Anforderungen, durch z. B. einen Vorgesetztenwechsel oder aber veränderte gesetzliche oder Marktanforderungen.

Wichtig ist es daher, Anforderungen möglichst schnell zu konkretisieren und idealerweise auch direkt umzusetzen, um schnellstmöglich Feedback zur erhalten, solange die Anforderung in dieser Form „noch benötigt" wird.

- **Randbedingungen und Annahmen**
  Randbedingungen sind unverrückbare Festlegungen, wie z. B. Budgets oder feststehende Termine oder aber z. B. technische Standards. Randbedingungen setzen Leitplanken für die Anforderungsermittlung und für den Lösungsentwurf sowie die Lösungsumsetzung.

  Im Verlauf der Anforderungsanalyse müssen Randbedingungen ermittelt und dokumentiert werden. Nicht jede benannte Randbedingung ist wirklich eine Randbedingung. Diese müssen auch hinterfragt werden.

  Entwurfsentscheidungen müssen Randbedingungen berücksichtigen. Häufig gibt es jedoch keine explizit festgelegten Randbedingungen. In diesem Fall müssen Annahmen getroffen werden, wie z. B. vermutete technische Vorgaben. Diese müssen ebenso explizit dokumentiert werden, wie deren Konsequenzen z. B. bei Entwurfsentscheidungen. Es muss möglich sein, bei Veränderungen von Annahmen, deren Auswirkungen zu analysieren. Gegebenenfalls kann eine bereits verworfene Lösungsvariante sich doch wieder als geeignet erweisen.

- **Funktionale und nichtfunktionale Anforderungen**
  Nichtfunktionale Anforderungen werden häufig etwas stiefmütterlich behandelt. Funktionale Anforderungen beschreiben die Funktionalität des zukünftigen IT-Produkts. Nichtfunktionale Anforderungen beschreiben die Qualität, in welcher die funktionalen Anforderungen zu erbringen sind. Beispiele für nichtfunktionale Anforderungen sind z. B. Performance und Flexibilität, Usability und Expertenmodus sowie Einfachheit und Erweiterbarkeit oder Skalierbarkeit.

  Eine funktionale Anforderung wird in der feinsten Granularität als User-Story entsprechend dem Muster „Als <Rolle> möchte ich <Ziel oder Anforderung>, um <daraus folgenden Nutzen zu ziehen>" beschreiben. Für nichtfunktionale Anforderungen kann z. B. das Schema aus Abb. 3.4 genutzt werden.

Die meisten dieser Herausforderungen werden durch eine „gute" Business-Analyse gelöst (siehe Abschn. 3.1.2.1). Ein Beispiel für eine Anforderung in „O-Ton Kunde" ist „Die Auftragsbearbeitung genauso wie im Altsystem umsetzen." Die Geschäftsanforderung ist nicht unmittelbar klar. U. a. sind Fragen offen wie: Welche Altsysteme sind im Detail gemeint? Welche der Funktionalitäten des Altsystems werden wirklich in welcher

Attribut	Performance
Kontext	Standard-Task, 150-250 Nutzer, ungefähr 700 Anfragen pro Tag
Ereignis	Nutzer erstellt ein neues Produkt / ändert ein existierendes Produkt
Ergebnis	Die durchschnittliche Zeit für die Ausführung sollte etwa 8 Sekunden betragen.

Abb. 3.4 Beispiel nichtfunktionale Anforderung

Priorität benötigt? Sollen die Funktionalitäten wirklich 1:1 umgesetzt werden oder soll gegebenenfalls doch die eine oder andere Verbesserung eingefügt werden? Was darf die Umsetzung kosten? Wann muss sie fertig sein?

Der Business-Analyst muss die Anforderung erst verstehen, Zusammenhänge und Abhängigkeiten analysieren, oft auch den Sinn hinterfragen und dann in Abstimmung mit dem Anforderungssteller gegebenenfalls aussortieren oder umformulieren und strukturiert aufnehmen. Techniken für das systematische Management der Anforderungen finden Sie in Abschn. 3.2.3.

Eine große Herausforderung sind zudem einheitlich granulare Anforderungen für die unterschiedlichen Planungshorizonte. Dies schauen wir uns im Folgenden etwas näher an, bevor wir zu den Techniken für das systematische Management der Anforderungen kommen.

3.2.1 Granularitäten von Anforderungen (siehe [1])

Bei der Dokumentation einer Anforderung werden diese häufig nicht in einer einheitlichen Granularität beschrieben. Grob und fein granulare Anforderungen werden durchmischt als Input für die strategische, taktische und operative Planung und Steuerung verwendet. Für die strategische Planung müssen Anforderungen ggf. zusammengefasst und für die operative Planung zerlegt werden. Zum Planungszeitpunkt fehlt aber häufig der fachliche Input für das Vergröbern oder Zerlegen oder aber dieser Input muss mit großem Aufwand nachgeholt werden, da die Vergröberung oder Detaillierung nicht bereits bei der Anforderungserhebung fachlich geklärt wurde.

Um das Granularitätsproblem in den Griff zu bekommen, ist eine systematische und einheitliche Beschreibung der Anforderungen auf unterschiedlichen Detaillierungsebenen entsprechend der Erfordernisse der verschiedenen Planungs- und Steuerungsaufgaben erforderlich. In der strategischen Planung werden lediglich grobgranulare und in der operativen Planung detaillierte Geschäftsanforderungen benötigt. Bewährt hat sich hierzu eine Strukturierung in Investitionsthemen, Themenbereiche, Features und Realisierungsanforderungen.

- **Investitionsthemen** beschreiben Maßnahmen zur Umsetzung der Ziele eines Unternehmens oder einer Geschäftseinheit. Sie werden im Rahmen der Budgetierung ermittelt, bewertet und mit Budget versehen. Die Budget-Zuordnung erfolgt in der Regel für eine Planungsperiode (z. B. ein Jahr) und kann im Rahmen einer rollierenden Planung, z. B. je Quartal, angepasst werden.

    Investitionsthemen werden häufig durch Schlagworte benannt, wie z. B. „Einführung CRM (Customer Relationship Management)" oder „Partnerintegration eines Unternehmens".
- **Themenbereiche** beschreiben die konkreten Kundenbedürfnisse auf höchster Ebene. Sie füllen die Investitionsthemen mit Inhalten, so dass diese grob abgeschätzt und

3.2 Systematisches Management der Geschäftsanforderungen

priorisiert werden können. Jeder Themenbereich kann jeweils unabhängig bewertet und priorisiert werden. Die Umsetzung eines Themenbereichs erfolgt über Projekte oder Wartungsmaßnahmen in einem oder mehreren Releases eines oder mehrerer IT-Systeme. Der Inhalt eines Themenbereichs wird in der Regel in wenigen Sätzen oder Aufzählungspunkten beschrieben. Die verfolgten Ziele müssen dabei klar hervorgehen.

Beispiele für Themenbereiche für das Investitionsthema „CRM" sind „Geschäftspartnermanagement", „Call-Center-Unterstützung" und „Servicesteuerung". Im agilen Umfeld wird häufig der Begriff „Epic" in diesem Kontext verwendet (siehe [3]).

- **Features** sind Funktionalitäten eines oder mehrerer Systeme oder Produkte, die für den Anwender einen unmittelbaren Wert darstellen. Sie werden vom Anwender als ein sinnvolles Ganzes wahrgenommen. Bei (Software-)Produkten wird häufig bei der Bestimmung der Features hinterfragt, ob dieses für den Käufer kaufentscheidend ist.

Ein Feature wird über ein Projekt oder eine Wartungsmaßnahme eines Release in einem oder mehreren miteinander verbundenen IT-Systemen umgesetzt. Für die Priorisierung und Umsetzungsplanung werden Features häufig in Teil-Features zerlegt, wenn eines von ihnen nicht in einer Iteration umgesetzt werden kann.

Beispiele für Features für den Themenbereich „Geschäftspartnermanagement" sind „Geschäftspartner-Stammdatenverwaltung", „Geschäftspartner-Segmentierung" und „Marketingaktions-Schnittstelle". Teil-Features der „Geschäftspartner-Stammdatenverwaltung" sind „Geschäftspartner-Stammdatenpflege", „Beziehungsgeflechtpflege" und „Kündigungsbearbeitung".

Ein Feature wird immer in einem Release, ggf. über mehrere Iterationen, umgesetzt. Der Umsetzungsaufwand für ein Feature sollte unter 100 Personentagen (PT) liegen. Liegt der Umsetzungsaufwand deutlich über 100 PT, muss für die Releaseplanung eine weitere Detaillierung auf Teil-Features erfolgen.

- Eine **Realisierungsanforderung** ist eine Aussage über eine Eigenschaft oder eine Leistung, die ein IT-System aus Sicht des Systemnutzers erbringen muss. Sie beschreibt nicht, wie diese Leistung zu erbringen ist. Realisierungsanforderungen werden im Rahmen vom Anforderungsmanagement in Projekten oder Wartungsmaßnahmen ermittelt. Eine Realisierungsanforderung bezieht sich immer auf ein System oder Produkt.

Eine Realisierungsanforderung wird über ein Projekt oder eine Wartungsmaßnahme in einer Iteration umgesetzt.

Im agilen Umfeld wird häufig stattdessen die Einheit einer User-Story (siehe Abschn. 2.4.2.5) verwendet.

Realisierungsanforderungen werden immer in einer Iteration umgesetzt. Der Umsetzungsaufwand sollte daher kleiner gleich 10 PT sein. Damit der Business-Analyst den Umsetzungsfortschritt in Projekten bzw. Wartungsmaßnahmen beurteilen kann, muss jede Realisierungsanforderung einem (Teil-)Feature zugeordnet sein.

Investitionsthemen sind die gröbsten Einheiten, Realisierungsanforderungen sind am detailliertesten. Investitionsthemen sind in der Regel rein problemorientiert und drücken die Bedürfnisse der Stakeholder ohne konkreten Lösungsansatz aus („Problembereich").

Durch die prägnante Beschreibung und Konzentration auf die für die strategische bzw. taktische Planungsebene relevanten Informationen kann passend zu dieser Planungs- und Steuerungsebene leichtgewichtig mit verhältnismäßig wenig Aufwand eine inhaltlich fundierte Planung erstellt werden.

Die Detaillierung erfolgt im Rahmen der fachlichen Planung. Mit zunehmender Detailtiefe gehen immer mehr Umsetzungsaspekte mit ein und wir befinden uns im „Lösungsbereich". Wir nähern uns immer mehr von der strategischen und taktischen Ebene der operativen Ebene an. Damit nehmen die Detaillierung und auch der Aufwand für die Dokumentation zu. Für die Projekt- und Iterationsplanung ist dieser höhere Detaillierungsgrad aber erforderlich und der Dokumentationsaufwand angemessen. Für die strategische (Unternehmensplanung) und taktische Planungsebene (Projektportfolio- und Roadmap-Planung) wird eine gröbere Granularität benötigt, da hier frühzeitig und mit verhältnismäßig geringem Aufwand sichergestellt werden muss, dass das Richtige getan wird. Eine leichtgewichtige strategische und taktische Planung mit Bodenhaftung ist notwendig. So können Fehlinvestitionen vermieden und die relevanten Geschäftsanforderungen schnell und angemessen umgesetzt werden. Nun schauen wir uns die Planungsebenen etwas detaillierter und im Zusammenspiel insbesondere in Bezug auf ihre Handhabbarkeit an.

Das Zusammenspiel der Planungsebenen wird in Abb. 3.5 dargestellt. Auf **strategischer Ebene** werden grobgranular Eckwerte und Orientierungshilfen für einen langfristigen Planungszeitraum gesetzt. Dies sind insbesondere die Vision, das grobe Ziel-Bild und die Leitplanken.

Darüber hinaus werden auf der strategischen Planungsebene die Budgets für eine Planungsperiode in der näheren Zukunft (in der Regel ein Jahr) im Rahmen einer Investitionsplanung initial festgelegt und rollierend an die jeweiligen Geschäftsanforderungen und Randbedingungen angepasst. Es wird auf Unternehmens- und Geschäftseinheitenebene festgelegt, in welche Themenfelder in einer Planungsperiode vorrangig investiert werden soll (Investitionsthemen).

Das Ziel-Bild und die Investitionsthemen werden in der taktischen Ebene, der Projektportfolio- und Roadmap-Planung, weiter detailliert. In Abb. 3.5 sind typische Ergebnisse wie eine Produkt-Roadmap oder ein grobgranulares Backlog auf der taktischen Planungsebene dargestellt.

Die Ergebnisse der taktischen Planung werden wiederum in der operativen Planungsebene verfeinert. In der Projekt- und Iterationsplanung werden die im Rahmen der Projektportfolio- und Roadmap-Planung festgelegten Initiativen zumindest für die ersten Projektphasen oder Inkremente detaillierter geplant.

Das systematische Management der Geschäftsanforderungen schafft die Basis für die inhaltliche Planung und Steuerung auf allen Ebenen. Wesentlich sind hier die strukturierte Aufnahme der Geschäftsanforderungen in der jeweils erforderlichen Granularität, die Verknüpfung dieser zwischen den Granularitäten und mit dem O-Ton Kunde sowie mit den Umsetzungspaketen. Grob granulare Anforderungen werden, wenn diese im Kontext der taktischen Planung gesammelt werden, direkt auf die Granularität von Features in Abstimmung mit dem Anforderungssteller heruntergebrochen. Feingranulare Anforderungen

3.2 Systematisches Management der Geschäftsanforderungen

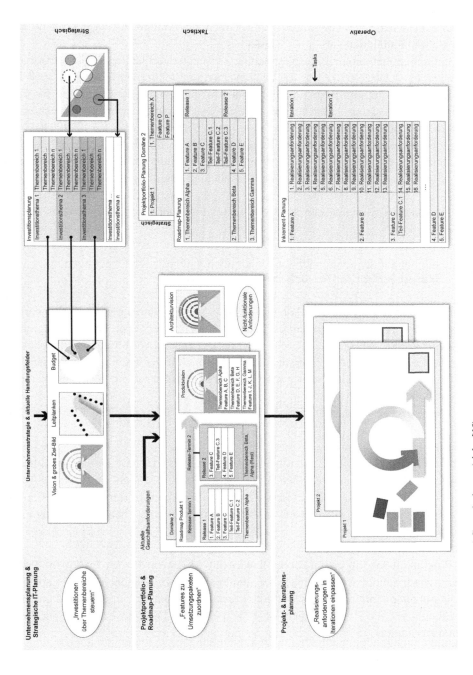

Abb. 3.5 Planungsebenen und Granularitäten (siehe [1])

werden entweder Features einer vorhandenen Capability Map (Bottom-up Konsolidierung) zugeordnet oder aber, wenn nicht vorhanden, zu Features zusammengefasst. Auf diese Art und Weise liegen die Geschäftsanforderungen für die jeweilige Planungsebene in der erforderlichen Granularität vor.

Wesentlich ist insbesondere die Verbindung zwischen den Planungsebenen. Darüber wird einerseits sichergestellt, dass die strategischen und taktischen Planungen auch in die operative Planung einfließen. Andererseits wird hierdurch eine Grundlage für die Steuerung der Umsetzung – auch bei veränderten Geschäftsanforderungen – geschaffen. Voraussetzung dafür ist aber neben dem systematischen Management der Geschäftsanforderungen einerseits eine leichtgewichtige und fachliche fundierte fachliche Planung (Budgetierung) und andererseits ein passender Projektschnitt sowie eine angemessene Roadmap- und fachliche Projekt- und Iterationsplanung. Dies schauen wir uns in Kap. 4 näher an.

Die Granularitäten ähneln den in SAFe®.[1] Im Folgenden geben wir hierzu einen Überblick.

3.2.2 Scaled Agile Framework (SAFe®)

Das Scaled Agile Framework („Abkürzung SAFe®") ist ein umfangreiches Framework, dass das agile Vorgehen auf Programm- und Portfolioebene erweitert und so für große Organisationen handhabbar macht (siehe [3]). Es gibt detaillierte Strukturen, Prozesse, Rollen und Ergebnistypen für alle Planungsebenen vor. Auf der Teamebene kann neben Scrum auch z. B. Kanban eingesetzt werden. In Abb. 3.6 finden Sie einen Überblick über das Framework.

Das Framework unterscheidet die drei Ebenen Portfolio, Programm und Team:

- **Operative Ebene Team**:
  Hier finden sich klassische Scrum- oder Kanban-Projekte. Es gibt aber einige Unterschiede in Rollen und Regeln der Abwicklung. So finden eine ganze Reihe von XP-Praktiken Anwendung. Der Produkt-Owner hat die Verantwortung für die Teilprodukte von einem bis zwei Teams und unterstützt auf Programm-Ebene das Produktmanagement.
- **Taktische Ebene Programm**:
  Die Programmebene ist die taktische Business-IT-Alignment-Ebene. Auf Ebene Programm werden die (Zwischen-)Releases, die Potential Shipable Increments, geplant. Die Umsetzung wird in sogenannte „Agile Release Trains (ART)" organisiert. Fünf bis zehn Teams (ca. 50–125 Mitglieder) arbeiten in einem Agile ReleaseTrain für ein Programm zusammen.

---

[1] SAFe® and Scaled Agile Framework are registered trademarks of Scaled Agile Inc.

3.2 Systematisches Management der Geschäftsanforderungen

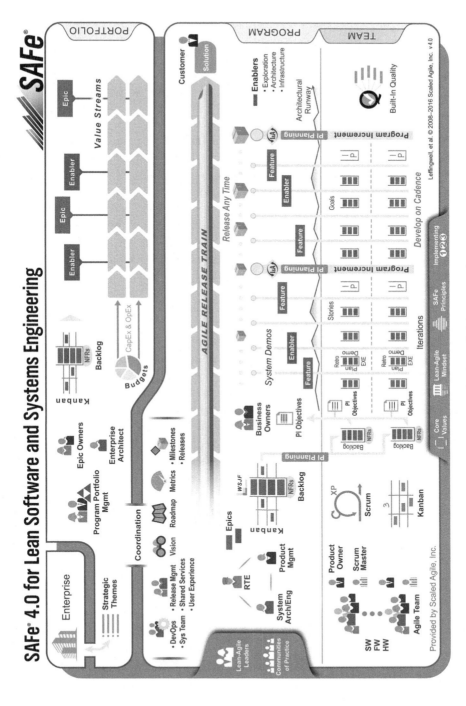

Abb. 3.6 SAFe®. With permission from © 2011–2017 Scaled Agile, Inc. All rights reserved

Anforderungen werden vom Produktmanager von den groben Anforderungsblöcken (Epics) in Features heruntergebrochen (siehe Abschn. 3.2.1) und auf einen Zeitstrahl verortet. Features müssen in ein Programminkrement (PI), die Releases, eingepasst werden.

Von zentraler Bedeutung ist hier die Rolle des Produktmanagers, welcher für das Programm die Aufgaben des Produkt-Owners übernimmt. Weitere wichtige Rollen sind Releasemanager, Systemarchitekten und Systemteams.

- **Strategische Ebene Portfolio:**
Die Portfolio-Ebene ist eine strategische Ebene, in der es u. a. um die Festlegung des Investitionsbudgets (der Investitionsthemen) geht. Diese resultieren in einem Portfolio von Programmen, als Träger der Wertschöpfung des Portfolios.

Ein typisches Investitionsthema hat eine Dauer von sechs bis zwölf Monaten. Es werden darüber hinaus geschäftliche Zielvorgaben („Epics") definiert. Hierbei wird zwischen kundenorientierten Business Epics und Enabler Epics (technische Lösungen) unterschieden. Beide werden parallel in einem Kanban-System aufgenommen. Der Fluss wird anhand von Metriken und Messungen, wie z. B. Work in Progress (WIP) siehe Abschn. 2.3.2.1, überwacht und kontinuierlich verbessert (Kaizen).

Mit SAFe® 4.0 gibt es eine optionale vierte Ebene zwischen der taktischen und strategischen Ebene mit neuen Rollen, Artefakten und Aktivitäten. Diese Ebene ist für die Entwicklung in sehr großen Werteströmen vorgesehen. Diese Ebene beinhaltet u. a. das Solution Management sowie das agile Kunden- und Lieferantenbeziehungsmanagement. Epics werden von der strategischen Ebene in die Value-Stream-Ebene heruntergereicht und dort in Capabilities und anschließend in Features aufgeteilt.

Das Scaled Agile Framework (SAFe®) ist das aktuell am detailliertesten beschriebene Rahmenwerk für Agilität im Großen. SAFe® hat im Vergleich zu Scrum und Kanban deutlich mehr Rollen, Artefakte und Vorgaben. Es erscheint einerseits schwergewichtig. Andererseits gibt es aber auch Orientierung und einen Rahmen für die Umsetzung vor. Wichtig ist aber, wie bei allen agilen Ansätzen, diese an die eigenen Gegebenheiten anzupassen und eine agile Kultur zu etablieren.

Selbst aber, wenn man sich bewusst gegen den Einsatz von SAFe® entscheidet, lohnt sich eine Beschäftigung mit dem Ansatz. Er enthält viele Hilfestellungen und Antworten auf Fragen der Einbettung in der Organisation. Eine komplette interaktive Beschreibung von SAFe® befindet sich auf den Webseiten des Frameworks „http://scaledagileframework.com/".

3.2.3 Techniken für das systematische Management der Anforderungen

Ein gut gepflegtes Produkt-Backlog zeichnet sich insbesondere durch gut beschriebene und aktuelle Anforderungen in einer einheitlichen Granularität aus. Folgendes kennzeichnet ein funktionierendes systematisches Management der Anforderungen:

3.2 Systematisches Management der Geschäftsanforderungen

- **„Gut beschriebene" Anforderungen:** Über Templates für z. B. User-Stories und Akzeptanzkriterien (siehe Abschn. 2.4.2.5) und Anwendung von Business-Analyse Best-Practices (siehe [3]) kann die Qualität der Anforderungen deutlich gesteigert werden.
- **Einfache und verständliche Dokumentation:** Vielleicht haben Sie dies auch bei sich selbst beobachtet. Solange Sie einen Sachverhalt nicht einfach erklären können, ist dieser noch nicht ganz klar. Wenn es Ihnen nicht ganz klar ist, gilt dies auch für das ganze Team. Daher müssen alle Modelle und die Dokumentation idealerweise selbsterklärend sein.
- **Einheitliche Granularität:** Entsprechend der Erfordernissen der jeweiligen Planungsebene ist in dieser eine einheitliche Granularität (siehe Abschn. 3.2.1) wichtig, ansonsten wird eine Maus mit einem Elefanten verglichen. Wenn die Anforderungen zu groß sind, z. B. nicht im nächsten Sprint umsetzbar sind, müssen diese zerlegt werden. Wenn die Anforderungen sehr kleinteilig sind, müssen diese gegebenenfalls gemergt werden. Hilfestellungen hierzu finden Sie in Abschn. 3.2.3.1.
- **Aktualität des Produkt-Backlogs:** Die am besten beschriebenen, einheitlich granularen Anforderungen helfen nicht, wenn diese nicht aktuell sind. Eine kontinuierliche Pflege des Produkt-Backlogs ist notwendig. Techniken zum Backlog-Management finden Sie in Abschn. 2.4.2.6 und den folgenden Abschnitten.

Nun schauen wir uns diese Techniken näher an.

3.2.3.1 Techniken zum Zerlegen von Anforderungen

Um eine einheitliche Granularität zu erreichen, müssen Anforderungen häufig entweder detailliert oder zusammengefasst werden. Hierfür benötigt man ein „Gefühl" für die Größenordnung, die man z. B. über eine unternehmensspezifische Leitlinie „festmachen" kann.

Beispiel Leitlinie Größenordnung von Anforderungen
„Epics span releases"
(Epic = Themenbereich, Teilthema)

- Themenschwerpunkt für eines oder mehrere Releases
- In einer Budget-Planungsperiode umsetzbar

„Features fit in releases"

- In einem Release in gegebenenfalls mehreren Iterationen umsetzbar
- Umsetzungsaufwand <100 Personentage

„User-Stories fit in iterations"
(User-Story = Realisierungsanforderung)

- Immer in einer Iteration umsetzbar
- Umsetzungsaufwand <=10 Personentage

Für das Zerlegen von Anforderungen gibt es unterschiedliche Ansätze, die auch kombiniert werden können:

- **Zerlegung von Anforderungen entsprechend Kriterien**, wie Risiko, Wertbeitrag oder Dringlichkeit
  Beispiel:
  Bei der „Kundenverwaltung" werden dringend die Kundenstammdaten benötigt, jedoch noch keine Zuordnung zu Kontakten. Daher wird die Anforderung „Kundenverwaltung" zerlegt in die Teil-Anforderung „Kundenstammdatenverwaltung", „Kontaktdatenmanagement" und „Kundenprofilverwaltung". Für das anstehende Release wird die Teil-Anforderung „Kundenstammdatenmanagement" eingesteuert, die anderen Teil-Funktionen werden zurückgestellt.
- **Komplexe Geschäftsregeln** anhand ihrer Dimensionen, wie z. B. Arten oder Produkte, zerlegen
  Beispiel:
  Berechnung der Provision für freiberufliche Mitarbeiter nur für eine Art von Freiberuflern oder für ein Produkt oder Produktgruppe. Für jede Art von Freiberuflern oder jedes Produkt bzw. Produktgruppe wird dann ein Teil-Feature aufgenommen.
- **Zerlegung anhand von Benutzerrollen** oder -arten, wie z. B. Vertriebssachbearbeiter und Vertriebsleiter sowie Experten- und Normalbenutzer
  Beispiel:
  Ein Auftragsabwicklungssystem soll sowohl Funktionalitäten anbieten, um Aufträge im Einzelerfassungsmodus als auch im eingabeoptimierten Sammelerfassungsmodus aufzunehmen.
- **Alternative Abläufe und Ausnahmebehandlungen in Use-Cases abspalten**
  Häufig gibt es alternative Abläufe oder Ausnahmebehandlungen.
  Beispiel:
  Bei einer Schadenabwicklung muss abhängig von der abgeschätzten Größenordnung des Schadens eine Bestätigung des Rückversicherers eingeholt werden oder nicht. Die Einholung der Bestätigung kann als Teil-Feature abgespalten werden.
- **Aufteilung von Datenquellen oder Kategorien**, wie z. B. Kunden- und Partnerdaten
  Beispiel:
  In einem Fertigungsauftragssystem werden Kundenaufträge von verschiedenen Auftragsabwicklungssystemen angezogen. Die verschiedenen Schnittstellen können in unterschiedlichen Teil-Anforderungen adressiert werden.
- **Komplexität in der Benutzerschnittstelle reduzieren**
  Bei komplexen User Interface kann zu Beginn eine „vereinfachte" Benutzerschnittstelle umgesetzt werden. Dies kann dann schrittweise erweitert werden.
  Beispiel:
  Bei einer Auftragsabwicklung werden im Endausbau Plausibilitäten bzgl. kombinierbarer Produkte überprüft. Hierfür werden u. a. zusätzliche Felder benötigt. Initial wird lediglich die Kernmaske umgesetzt, die weder scrollbar ist, noch über die zusätzlichen Felder verfügt.

3.2 Systematisches Management der Geschäftsanforderungen

- **Zerlegung von „CRUD"-Funktionen**
  Viele Features sind Verwaltungsfunktionen, wie z. B. die Kundenverwaltung. Wörter wie z. B. „Verwaltung" oder „Management" sind Anzeichen dafür, dass eine Zerlegung möglich ist.
  Beispiel Kundenverwaltung:
  Die Kundenverwaltung kann zerlegt werden in Kundenneuanlage, Kundendatenveränderung, Kundendatenlöschung oder -archivierung.
- **Nichtfunktionale Anforderungen zurückstellen**
  Für die eine oder andere nichtfunktionale Anforderung, wie z. B. Performance oder Usability, können in den ersten Iterationen erstmal Abstriche hingenommen werden. Die Anforderungen müssen dann aber schrittweise umgesetzt werden. Entsprechende Akzeptanzkriterien müssen von vorne herein definiert werden.
  Da nichtfunktionale Anforderungen wesentliche Treiber der Architektur des zukünftigen Systems sind, muss dies mit Bedacht gemacht werden. Häufig ist ein nachträgliches Nachrüsten nur mit extrem hohen Aufwand möglich.
  Beispiel:
  Die Schnittstelle zwischen einem Auftragsabwicklungs- und Fertigungssteuerungssystem wird in der ersten Iteration noch nicht optimiert. Erst im weiteren Ausbau wird entsprechend der Erfordernisse des abnehmenden Systems die Integration verbessert.

Durch Anwendung dieser Ansätze können z. B. Features über mehrere Produkt-Releases verteilt umgesetzt werden.

3.2.3.2 Backlog-Management

Das Backlog-Management beinhaltet alle Aufgaben, um ein Backlog möglichst vollständig, systematisch und qualitativ hochwertig zu pflegen. Dies ist essentiell, um die Kundenziele wirklich zu erreichen. Die Pflege erfolgt hierbei sowohl im Rahmen von agilen Projekten durch den Produkt-Owner als auch im Rahmen von übergreifenden Demand Management Aufgaben, z. B. im Vorfeld von Projekten, durch die jeweils verantwortlichen Business-Analysten; häufig gleichzeitig Produkt-Owner.

Der Produkt-Owner oder Business-Analyst nimmt die Geschäftsanforderungen seines Kunden strukturiert auf (siehe Abschn. 2.4.2.5 und 3.2.1). Hierzu müssen die wirklichen Anforderungen durch Nutzung von Business-Analyse Techniken (siehe Abschn. 3.1.2.1) identifiziert werden. Jede Anforderung muss im Hinblick auf Sinn, Nutzen und Umsetzungsaufwand geprüft werden. Der Business-Analyst berät den Fachbereich bei der Priorisierung und hinterfragt die geschäftliche Notwendigkeit. So lässt sich die Anzahl und der Umfang von Geschäftsanforderungen erheblich reduzieren und vor allen Dingen dafür sorgen, dass die „richtigen Dinge richtig" umgesetzt werden.

3.2.3.2.1 Initiale Aufnahme der Anforderungen

Die initiale Strukturierung erfolgt häufig top-down ausgehend von der Strategie und Zielen. Daraus werden erforderliche Epics und Features nachvollziehbar abgeleitet. Soweit vorhanden, sind unternehmensinterne Capabililty Modelle oder Referenzmodelle hilfreich. Hieraus können Feature-Kandidaten extrahiert werden. Eine weitere gute Quelle hierfür sind Interviews mit dem Anforderungssteller, Schlüsselpersonen sowie interne Prozessmodelle.

Für die Identifikation von Features hat sich folgendes Vorgehen bewährt:

1. **Durchführung einer Stakeholder-Analyse** (siehe [2]), um die möglichen Nutzer und sonstige Beteiligte zu identifizieren.
2. **Feature-Kandidaten sammeln**
   Mögliche Kandidaten sind Funktionen, die die identifizierten Stakeholder von der zukünftigen Lösung erwarten, um z. B.
   - Aktivitäten in Geschäftsprozesse besser zu unterstützen,
   - CRUD (Create/Read/Update/Delete)-Funktionen für die Bearbeitung von Geschäftsobjekten. Beispiel: „Auftragsverwaltung" (mit den Teil-Funktionen „Auftrag neu anlegen" und „Auftrag ändern")
   - Geschäftsregeln, z. B. für die Preisberechnung
   - Funktionen für die Administration, wie z. B. Berechtigungsverwaltung
3. **Randbedingungen und nichtfunktionale Anforderungen** identifizieren
   Neben den funktionalen Anforderungen sind insbesondere nichtfunktionale Anforderungen und Randbedinungen für den Lösungsentwurf wichtig (siehe Abschn. 3.2). Diese müssen explizit erfragt werden. Häufig fallen bereits aufgenommene Feature-Kandidaten in diese Kategorie. Nichtfunktionale Anforderungen werden ebenso wie funktionale Anforderungen mit aufgenommen.
4. **Feature-Kandidaten zusammenfassen oder detaillieren**, so dass diese eine einheitliche Granularität aufweisen (siehe Abschn. 3.2.1). Hierbei muss die für die jeweilige Planungsebene erforderliche Granularität erreicht werden. Siehe hierzu die agile Planung in Kap. 4.
5. **Funktionale oder technische Durchstiche mit aufnehmen und ggf. zerlegen**, wenn noch Unklarheit bzgl. Funktionalität oder Umsetzung besteht.
6. **Priorisieren der Anforderungen**
   Die Umsetzungsreihenfolge muss für die Anforderungen anhand der Wichtigkeit und Dringlichkeit aus Sicht des Kunden festgelegt und entsprechend im Backlog geordnet werden.

   Hierzu wird z. B. Priorisierung nach „MoSCoW" genutzt. „MoSCoW" ist eine Eselsbrücke. Die einzelnen großgeschriebenen Buchstaben haben dabei folgende Bedeutung:
   - M – MUST
     Die Anforderung ist eine Muss-Anforderung und ist für den Projekterfolg von zentraler Bedeutung.
   - S – SHOULD
     Die Anforderung muss nicht unbedingt sofort, sollte aber zeitnah umgesetzt werden. Muss-Anforderungen haben aber Vorrang.

- **C – COULD**
  Die Anforderung ist wünschenswert. Sie braucht nur dann umgesetzt werden, wenn die MUST- und SHOULD-Anforderungen umgesetzt werden können.
- **W – WON'T**
  Die Anforderung wird aktuell nicht umgesetzt.

3.2.3.2.2 Kontinuierliche Pflege des Backlogs

Anforderungen ändern sich über die Zeit und Anforderungen, die zur Umsetzung anstehen, müssen für die Sprint-Planung detailliert werden. So ist eine kontinuierliche Pflege des Produkt-Backlogs essentiell. Nur so spiegelt das Produkt-Backlog den jeweils aktuellen Stand der priorisierten Anforderungen wider. Hierzu stimmt sich der Produkt-Owner, der verantwortlich für das Produkt-Backlog ist, sich regelmäßig mit seinem Kunden ab und überarbeitet die gesammelten Anforderungen.

Die kontinuierliche Pflege des Produkt-Backlogs hat unterschiedliche Aspekte:

- **Hinreichend vollständige und priorisierte Sammlung der Anforderungen des Kunden**
  Sicherstellung, dass alle wirklichen Anforderungen des Kunden im Backlog entsprechend der Priorität des Kunden enthalten sind.
- **Vorbereitung des Backlogs für die Sprint-Planung**
  Der Produkt-Owner stellt sicher, dass die Anforderungen, die im nächsten Sprint angegangen werden sollen, sprint-ready sind. Das heißt Vorbereitung des Produkt-Backlogs, so dass die Anforderungen, die oben im Produkt-Backlog in der richtigen Granularität und mit Akzeptanzkriterien für den nächsten Sprint priorisiert vorliegen. Die „Spitze" des Produkt-Backlogs wird so verfeinert, so dass das Entwicklungsteam die Anforderungen versteht und eine Grundlage für die Schätzung hat. Epics werden in Feature und Teil-Features und dann zu User-Stories verfeinert, die tendenziell nur ein fünftel eines Sprints ausmachen.

Für die hinreichend vollständige Sammlung der Anforderungen muss der Produkt-Owner im engen Dialog mit seinen Kunden stehen. Hier bieten sich regelmäßige Abstimmungen an, die z. B. in Form eines Jour Fixe durchgeführt werden können.

Die Vorbereitung des Backlogs für die Sprint-Planung erfolgt häufig im Backlog-Grooming (siehe Abschn. 2.4.2.6). Das Grooming-Meeting sollte in der Mitte einer Iteration durchgeführt werden. Der Produkt-Owner sammelt im Meeting Feedback zum Produkt-Backlog, den er vor der Sprint-Planung für die nächste Iteration in den Backlog einarbeiten kann. So hat er genügend Zeit für die Überarbeitung und kann in der Sprint-Planung auch bereits die Fragen des Teams beantworten. Meist führt das Grooming-Meeting zu Backlog-Items passender Größe für den nächsten Sprint. Hierdurch wird der Aufwand für die Sprint-Planung und das Risiko reduziert, so dass erst bei der Sprint-Planung Abhängigkeiten erkannt werden.

Ergebnis ist ein für die Sprint-Planung vorbereiteter Backlog (siehe Abb. 3.3 und 3.7).

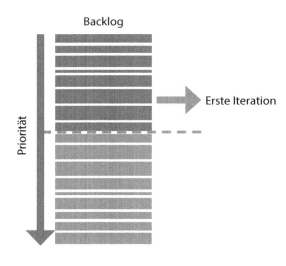

Abb. 3.7 Beispiel vorbereiteter Produkt-Backlog

Literatur

1. Hanschke I, Giesinger G, Goetze D (2015) Business-Analyse – einfach und effektiv, 2. Aufl. Hanser-Verlag, München
2. Hanschke I (2014) Lean IT-Management einfach & effektiv – Der Erfolgsfaktor für ein wirksames IT-Management, 1. Aufl. Hanser-Verlag, München
3. Leffingwell D (2016) Scaled agile framework reference guide: scaled agile framework® for lean software and systems engineering, 1. Aufl. Addison-Wesley, Boston

Agile Planung 4

> **Zusammenfassung**
>
> Bei der Einführung von agilen Methoden, wie Scrum und Kanban, entstehen häufig insbesondere an der Nahtstelle zum Business Probleme. Hier prallt oft die agile Organisation mit der klassisch hierarchisch geprägten Organisation aufeinander. In diesem Kapitel werden einerseits die typischen Schmerzen und andererseits mögliche Lösungen aufgezeigt.
>
> Leider wird immer häufiger noch agil mit planlos gleichgesetzt. Dies ist aber nicht der Fall. Die Art und Kultur der Planung ändert sich jedoch erheblich. In der agilen Planung kann entsprechend den Erfordernissen des Planungshorizonts in einer passenden Granularität zeitgerecht eine belastbare Aufwandsschätzung erstellt werden. Im Kapitel werden hierzu Best-Practices anhand von Beispielen vorgestellt.

Planung ist notwendig, um Entscheidern eine Orientierung durch Größenordnungen von Kosten und Zeitabschätzungen zu geben. Gerade in konventionellem Umfeld ist dies häufig eine Voraussetzung für die Beauftragung eines Projektes.

Agile Planung ist eine Königsdisziplin, da beim ohnehin schwierigen Planen die kontinuierlichen Veränderungen einbezogen werden müssen. Der Grat zwischen planlos und Planungsaufwandsgrab ist schmal. Schauen wir uns Planung im Allgemeinen und die agile Planung etwas genauer an.

4.1 Planung im Überblick

Planung ist ein systematisches Vorgehen zur Entwicklung eines Handlungsplans, um Ziele zu erreichen. Ziele sind rechtzeitig und „SMART" zu definieren und mit allen maßgeblichen Beteiligten abzustimmen:

- S – spezifisch.
- M – messbar.
- A – aktionsorientiert.
- R – realistisch.
- T – terminiert.

> **Tipp** Machen Sie Betroffene zu Beteiligten. Beziehen Sie alle maßgeblichen Beteiligten in die Planung mit ein. Diese Arbeit wird sich schnell in Zeit-, Kosten- und Nervenersparnis auszahlen.

Planung ist eine Daueraufgabe, da Pläne fast immer von der Wirklichkeit überholt werden. Folgende Fragen werden bei der Planung gestellt:

- Welche Ziele?
- Welche Maßnahmen führen zum Ziel?
- Sind die Inhalte und Meilenstein – sowie Releasetermine noch realistisch?
- Wo bestehen Risiken? Welche Maßnahmen müssen ergriffen werden, um Risiken zu vermeiden bzw. zu reduzieren?

Bei Projekten wird in der Planung ausgehend von den Anforderungen des Kunden („O-Ton Kunde") die fachliche Lösung und deren Umsetzung in Geschäftsprozessen und IT gestaltet. Ergebnis ist z. B. ein Sollkonzept oder Pflichtenheft sowie ein Umsetzungsplan mit allen erforderlichen bewerteten Maßnahmen.

In der klassischen Planung (Wasserfall-Planung) erfolgt dies detailliert für alle Anforderungen, da die Stakeholder eine zuverlässige Prognose und Planungssicherheit erwarten. Das Ergebnis muss häufig „festpreisfähig" sein. Sowohl Inhalte als auch Kosten und Zeit werden im Festpreis festgeschrieben. Die Wasserfall-Planung geht (siehe Abb. 4.1) von feststehenden Anforderungen (Ergebnisse einer Analyse-Phase) aus und ermittelt hierzu die Kosten und Zeit der Umsetzung über eine detaillierte Konzeptionsphase.

Beim Wasserfallansatz wird der Umfang der gesamten Lösung vorab festgelegt und genau definiert. Dies ist aber für komplexe Projekte in der Regel nicht zielführend. Budgets und Zeitbedarf werden häufig überschritten. Anforderungen ändern sich erheblich über die Projektlaufzeit. Dies führt dann zu aufwändigen Change Request Verfahren (CR) und insbesondere zu allgemeiner Unzufriedenheit.

Eine Wasserfall-Planung erzeugt beim Kunden die scheinbare Sicherheit, dass die erhaltene Leistung genau dem Geplanten entspricht: „Man weiß, was man für sein Geld bekommt." Die Illusion des perfekten Plans kommt häufig von einem Wunsch nach Planungssicherheit. Leider gibt es häufig dann ein unsanftes Erwachen, wenn die Erwartungshaltung doch nicht erfüllt wird. Mit jeder Verzögerung oder weiterer inhaltlicher Unzufriedenheit stellt sich dann Misstrauen ein, die die Zusammenarbeit zwischen Auftragnehmer und Auftraggeber zunehmend erschwert.

4.1 Planung im Überblick

Abb. 4.1 Wasserfall-Planung (siehe [1])

Dies hängt u. a. damit zusammen, dass sich Anforderungen über die Zeit ändern. Man muss erst die wirklichen Anforderungen identifizieren und herausfinden, welche Ziele sich dahinter verbergen, um eine passende Lösung liefern zu können.

Zudem ist es umso wahrscheinlicher, je länger die Umsetzungszeit dauert, dass neue Anforderungen hinzukommen. Mit dem Verstehen von Anforderungen und Erkenntnisgewinn über z. B. mögliche Lösungen verändern sich die ursprünglichen Anforderungen zudem.

Änderungen führen zu einer Planänderung. Häufig ist sogar eine Neuplanung erforderlich, da die Auswirkungen der Änderungen gesamthaft berücksichtigt und analysiert werden müssen.

Beim klassischen Wasserfall-Vorgehen müssen Änderungen über Change Requests eingesteuert werden. Dies kann insbesondere bei Festpreisprojekten sehr aufwändig und bürokratisch werden.

Wie sieht dies im agilen Umfeld aus?

▶ **Erfolgsfaktoren für eine wirksame Planung**

- Ziele rechtzeitig und „SMART" definieren und mit allen maßgeblichen Beteiligten abstimmen.
- Planung nachvollziehbar gestalten. Sowohl die Ausgangslage als auch die Soll-Vision und die Roadmap zur Umsetzung.
- Planung so einfach wie möglich halten.
- Planung unbedingt schriftlich durchführen und Umsetzungsstatus im Blick halten.
- Meilensteine für Zwischenziele setzen und deren Erreichung überprüfen.
- Erfolge mit dem Team feiern, um daraus Kraft und Mut für weitere Herausforderungen zu schöpfen.

4.2 Planung im agilen Umfeld

Leider wird immer häufiger noch agil mit planlos gleichgesetzt. Dies ist aber nicht der Fall. Die Art und Kultur der Planung ändert sich jedoch erheblich. In der agilen Planung kann entsprechend den Erfordernissen des Planungshorizonts in einer passenden Granularität zeitgerecht eine belastbare Aufwandsschätzung erstellt werden.

Im agilen Umfeld versucht man, mit der Unberechenbarkeit und Komplexität umzugehen, anstatt sie versuchen zu beherrschen. Die agile Planung macht daher eine Vorhersage, wie viel das Team voraussichtlich schaffen wird.

▷ **Grundprinzipien der agilen Planung**

- Je näher die Umsetzung, desto genauer der Plan!
- Soviel planen, wie nötig!

Agile Ansätze gehen davon aus, dass eine genaue Planung in komplexen Projekten vorab nicht sinnvoll möglich ist. Komplexität und Veränderungen lassen es nicht zu im Voraus genaue, belastbare Prognosen abzugeben. Eine detaillierte Planung ist aufwändig und zeitintensiv. Aufwand und Nutzen stehen in der Regel in keinem Verhältnis, da sich Ziele, Anforderungen und Randbedingungen sowie auch Lösungsideen im Zeitverlauf ändern. Aber auch hier wollen die Auftraggeber einen Grad von Sicherheit darüber, was sie am Ende eines Projektes für ihr Geld bekommen. Fragen wie, „Bis wann können Sie dies umsetzen und was kostet dies?", müssen beantwortet werden.

Die Erwartungen der Entscheider und Kunden sind durchaus unterschiedlich. Um diesen auch eine hinreichende Entscheidungssicherheit in komplexen Situationen zu verschaffen, müssen Sie deren Erwartungshaltung kennen. Sie müssen Ihre agile Planung an der Erwartungshaltung Ihrer Stakeholder ausrichten. Diese müssen Sie wirklich verstehen und erfragen. Beispiele:

- Kunde möchte wissen, wann in einem Produkt benötigte Features zur Verfügung stehen? Sie haben z. B. eine Deadline aufgrund einer gesetzlichen Änderung.
- Auftraggeber hat ein Budget für ein Projekt bereitgestellt und möchte Sicherheit, dass im Rahmen dieses Budgets die wesentlichen Anforderungen umgesetzt werden können und das Produkt dann betriebsbereit ist.

Die Art und Weise der Planung unterscheidet sich bei der agilen Planung erheblich von der Wasserfall-Planung. In der agilen Planung wird entsprechend den Erfordernissen des Planungshorizontes in einer passenden Granularität zeitgerecht eine belastbare („good enough") Aufwandsschätzung erstellt. In der agilen Planung wird gerade so viel geplant, wie nötig, um eine fundierte Antwort schnellstmöglich abzugeben. Je näher die Umsetzung, desto genauer ist der Plan. Was heißt dies konkret (siehe [1])?

4.2 Planung im agilen Umfeld

▶ „Good enough" Aufwandsschätzung
- Vergleichende abstrakte Abschätzung über Abschätzung von Feature- und Story-Points
- Priorisierung und agiles Verhandeln
  „Was muss unbedingt geliefert werden?"
  „Was kann verschoben werden?"

Ergebnis der agilen Planung ist Produkt-Backlog und eine gedachte Linie im Backlog (siehe Abb. 4.2), bis wohin die Anforderungen mit großer Sicherheit zum Liefertermin und mit dem vorgegebenen Budget (bzw. Team) bereitgestellt werden können. Hierzu müssen die Anforderungen in einheitlicher Granularität strukturiert aufgenommen und dann priorisiert und grob bewertet werden. Die Umsetzung erfolgt dann z. B. in Scrum (siehe [2]) über Sprints von festgelegter Dauer (z. B. drei Wochen), in der entsprechend der Umsetzungsgeschwindigkeit („Velocity") die jeweils hoch priorisierten Anforderungen soweit heruntergebrochen werden, dass sie sich in die Iteration einpassen lassen.

Im Produkt-Backlog sind alle umzusetzenden Produkt-Features sowie die für den nächsten Sprint umzusetzenden User-Stories beinhaltet. Zu jedem Feature gibt es in der Regel mehrere User-Stories. Weitere Informationen zu den Granularitäten finden Sie in Abschn. 3.2.1.

In Abb. 4.3 wird dies schematisch mit der gedachten Linie „ziemlich sicher" im Produkt-Backlog dargestellt. Ab und zu findet man eine zweite Linie, die „angestrebte" Linie. Darunter finden sich die weiteren Anforderungen mit niedriger Priorität. Die prioren Anforderungen werden in der agilen Planung soweit heruntergebrochen, bis eine Bewertung möglich ist. Die Anforderungen für den nächsten Sprint und gegebenenfalls

Abb. 4.2 Agile Planung im Unterschied zur Wasserfall-Planung (siehe [1])

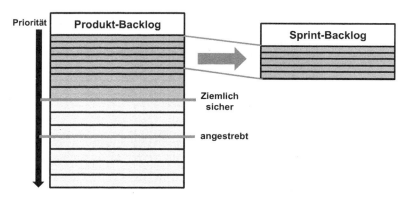

Abb. 4.3 Produkt-Backlog (siehe [1])

einige Füllanforderungen (siehe [3]) werden bei Scrum im Rahmen der Sprint-Planung bis zur Granularität User-Stories im Sprint-Backlog für die „Abarbeitung" im nächsten Sprint bereitgestellt.

Bei agilen Projekten werden neue oder veränderte Anforderungen entsprechend ihrer Priorität einfach im Backlog einsortiert. Bestehende Anforderungen können dann gegebenenfalls an Priorität verlieren. Die Erwartung von Änderungen ist Kernbestandteil beim agilen Vorgehen.

Die agile Planung unterscheidet sich auf im Detaillierungsgrad von der Wasserfall-Planung. In der Wasserfall-Planung werden alle Anforderungen heruntergebrochen. In der agilen Planung werden nur die Anforderungen detailliert, die absehbar umgesetzt werden. Auch die Anforderungen, die wahrscheinlich umgesetzt werden, werden nur soweit detailliert, dass eine belastbare Aufwandsschätzung durchgeführt werden kann. Dies ist eines der Prinzipien bei der agilen Planung.

▸ **Die Illusion der Planungssicherheit enttarnen** Eine Planung basiert auf einem Erkenntnisstand. Dieser verändert sich im Verlauf der Zeit.
  Planen Sie mit Veränderungen und überprüfen Sie Ihre Annahmen und Anforderungen kontinuierlich. Veränderungen in der Planung sind keine Fehler, sondern eine bessere Ein- und Abschätzung des jeweiligen Kenntnisstands.
  Voraussetzung hierfür ist eine vertrauensbasierte, lernende Fehlerkultur, in der Fehleinschätzungen und Fehler offen kommuniziert werden können.

Es gibt eine ganze Reihe Prinzipien und Techniken der agilen Planung (siehe Abschn. 2.4.2), wie z. B. Planning Poker oder Schätz-Techniken mit Komplexitätspunkte anstelle konkreter Aufwandszahlen und deren Mapping auf Story Points, die hier Anwendung finden. Über die Abschätzung der Velocity können die Komplexitätspunkte in Aufwand umgerechnet werden.

Die Velocity gibt an, wie viele Story Points im Sprint umgesetzt werden können. Bei den ersten Sprints ist die Velocity noch nicht bekannt. Hier können historische Daten

4.2 Planung im agilen Umfeld

herangezogen werden, wenn die Teamzusammensetzung vergleichbar ist. Eine andere Alternative ist ein Durchstich, in dem ein kleiner Ausschnitt des Gesamtprojektes umgesetzt wird, um ein Gefühl für die Velocity zu erhalten. Hier kann sowohl ein fachlicher oder ein technischer Durchstich gewählt werden (siehe Abb. 4.4). Dies erfolgt häufig z. B. als Vorprojekt. Dies liefert dann die Grundlage für die Planung des eigentlichen Projektes.

Wenn weder ein Vorprojekt durchgeführt werden kann noch Erfahrungswerte vorliegen, müssen Annahmen durch Experten getroffen werden. Nach den ersten Iterationen müssen diese Annahmen dann überprüft werden und ggf. die Velocity korrigiert werden.

In späteren Sprints kann die Velocity dem Burn-down-Chart entnommen werden. Im **Burn-down-Chart** wird grafisch der verbleibende Aufwand in einem Projekt in Relation zur verbleibenden Zeit dargestellt (siehe [2] und Abschn. 2.4.1.2).

Für die Priorisierung ist eine „**High value-to-cost ratio**" und eine „**Risk-first**" Bewertung der Anforderungen wichtig. Hierzu ist häufig agiles Verhandeln notwendig. So werden die wirklichen Prioritäten ermittelt. Über Fragen, wie „Was muss unbedingt geliefert werden?" und „Was kann verschoben werden?" kristallisieren sich Prioritäten heraus.

Von besonderer Bedeutung ist der Umgang mit Unsicherheit. **Was heißt Umgang mit Unsicherheit?**

Hierzu muss erstmal herausgefunden werden, was ist überhaupt unsicher und wo ist man sich sicher. Über Business-Analyse-Techniken (siehe Abschn. 3.1.2.1) können die wesentlichen bekannten funktionalen und nichtfunktionalen Basis-, Leistungs- und Begeisterungsanforderungen in einer für die aktuelle Planungsebene ausreichenden Granularität erhoben werden. Wichtig ist die Unterscheidung der verschiedenen Anforderungsarten und Randbedingungen (Abschn. 3.2). Randbedingungen setzen Eckwerte für die Lösung. So sind häufig z. B. Budgets oder Terminvorgaben harte Randbedingungen. Randbedingungen müssen ebenso wie die Anforderungen dokumentiert und hinterfragt werden.

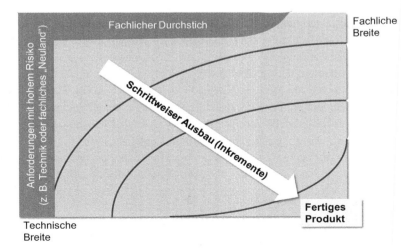

Abb. 4.4 Risikofokusierter Ansatz

Beim Erkennen und Herausfinden, was dahintersteckt, gibt es häufig noch viele Fragezeichen. So wird beim systematischen Aufnehmen von Anforderungen z. B. über Prozessdokumentation klar, dass viele Punkte vom Anforderungssteller nicht genannt wurden. Nicht bei jedem offenen Punkt gibt es auf Nachfrage beim Anforderungssteller Antworten. **Annahmen** werden getroffen.

Wichtig ist, dass diese Annahmen inklusive deren Abhängigkeiten möglichst einfach, idealerweise automatisch in einem Anforderungsmanagement-Werkzeug verlinkt, dokumentiert werden. Nur so können die Auswirkungen einer Veränderung einer Annahme analysiert werden.

Wesentlich beim agilen Planen ist aber auch, gerade so viel zu planen, wie nötig ist. Anforderungen, die erst weit in der Zukunft liegen, müssen nicht detailliert geplant werden, da sie sich bevor sie zur Umsetzung anstehen, häufig nochmals verändern. Nicht jede Kleinigkeit muss zu Beginn des Projektes definiert sein. So sind keine umfangreichen Pflichtenhefte notwendig, die bei komplexeren Projekten Monate in Anspruch nehmen.

Was ist aber nötig?

Nötig sind alle Informationen, die zum Planungszeitraum bekannt und zielführend sind. Hier gibt es drei wesentliche Aspekte. Einerseits ist eine gemeinsame Vision der zukünftigen Lösung – fachlich und technisch – notwendig und andererseits ist eine möglichst vollständige fachliche, grobe Sicht auf das zukünftige Produkt sowie für die nächste Iteration der detaillierten Anforderungen unabdingbar. Nur so kann eine grobe Roadmap (Releaseplanung) für das zukünftige Produkt abgeleitet werden. Schauen wir uns dies etwas näher an:

- **High-level-Design (HLD) als gemeinsame Vision des zukünftigen Produktes und grobe, vollständige Sicht auf das zukünftige Produkt**
  Ein High-level-Design ist ein Lösungsentwurf auf konzeptioneller und logischer Ebene als fundierte mit angemessenem Aufwand erstellbare Grundlage für eine Abschätzung (siehe [4]). Dieser Entwurf beinhaltet fachliche und technische Modelle, wie z. B. das fachliche Komponentenmodell. Ein fachliches Komponentenmodell gliedert einzelne Produkt-Features in fachlich zusammenhängende Bereiche, die Komponenten. In Abb. 4.5 finden Sie ein Beispiel eines fachlichen Komponentenmodells.
  Fachliche Komponenten (häufig Granularität Epics oder Features, siehe Abschn. 3.2.1) können dann auf technische Komponenten über z. B. eine technische Referenzarchitektur (siehe [4]) gemappt werden. Ergänzend zu Komponentenmodellen werden häufig auch Geschäftsprozessmodelle mit Teilprozessen genutzt. So kann dann leicht eine Abbildung auf Use-Cases vorgenommen werden (siehe [5]).
  Das High-level Design erzeugt eine vollständige, fachliche, grobe Sicht. Die Strukturierung in Komponenten spiegelt sich im systematischen Backlog-Management (siehe Abschn. 3.2) wieder. Die Granularitäten entsprechen den Erfordernissen der taktischen Planungsebene.
- **Grobe Roadmap-Planung (Releaseplanung) als Orientierung und zum Management der Erwartungshaltung der Kunden**

4.2 Planung im agilen Umfeld

Häufig gibt es insbesondere bei Produkten einen übergeordneten Releaseplan z. B. für Quartale oder Halbjahre. Über einen Releaseplan (siehe Abb. 4.6) wird für den Kunden transparent gemacht, wann was geliefert werden wird. Ein Releaseplan ist eine Produkt-Roadmap mit einer Abfolge von Releases mit dem Ziel, schrittweise die (Produkt-) Vision umzusetzen. In Abhängigkeit von Dringlichkeit, Relevanz und Größenordnung sowie unternehmensspezifischen Kriterien, werden die verschiedenen Geschäftsanforderungen zu Releases (taktische Umsetzungspakete) gebündelt. Der Releaseplan muss bei veränderten Anforderungen und Randbedingungen angepasst werden.

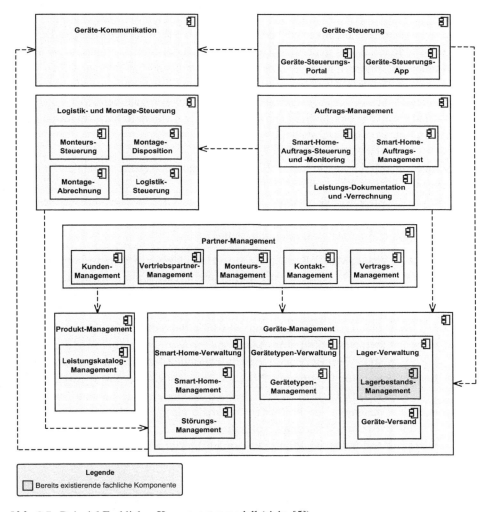

Abb. 4.5 Beispiel Fachliches Komponentenmodell (siehe [5])

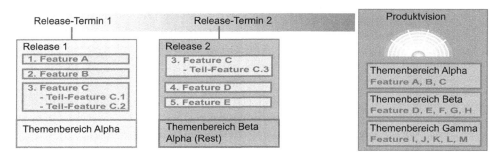

Abb. 4.6 Beispiel Releaseplan (siehe [4])

Je weiter man in die Zukunft schaut, desto gröber ist die Planung der Releases. Das zeitlich nächste Release wird in der Regel auf Ebene von User-Stories geplant. (Teil-)Features werden auf Ebene User-Stories in der Iterationsplanung heruntergebrochen (siehe Abschn. 2.4.2.3). Für Folge-Releases sind oft nur Features oder Epics zu grob definierten oder Releasekalender-Terminen mit klar definierten Schwerpunktthemen zusammengefasst. Die Umsetzung eines Epics kann sich dabei über mehrere Releases erstrecken.

Zu jedem Release werden festgelegt:
- (grob) geplanter Releasetermin,
- Schwerpunktthema des Release, abgeleitet aus den im Release geplanten Anforderungen auf Ebene Epics und
- priorisierte Liste von (Teil-)Features, die mit Abschluss des Release umgesetzt sein soll.

▶ **Empfehlungen bei der Releaseplanung (siehe [5])**

- **Feste Releasezyklen** (z. B. alle drei Monate oder alle sechs Monate), um den Anwendern regelmäßig Inkremente zu liefern. Hier ist es wichtig, einen Kompromiss zwischen einer möglichst kurz getakteten Auslieferung neuer Features und dem Aufwand für Auslieferung und Inbetriebnahme zu finden. Der Aufwand für die Auslieferung und Inbetriebnahme der Inkremente muss in einem vernünftigen Verhältnis zu den Vorteilen stehen, die durch kurz getaktete Releasezyklen erreicht werden. Hierbei sind Aufwände beispielsweise für Integration, fachliche Tests, Anwenderdokumentation und -schulung zu berücksichtigen. Bei verschiedenen Unternehmen, aber auch bei verschiedenen Produkten innerhalb eines Unternehmens, kann das durchaus unterschiedlich ausgestaltet sein.
- **Feste interne Releasezyklen** (z. B. monatlich oder alle zwei Monate), um frühzeitig Feedback über die Funktionalität und Usability von internen oder von Alpha- und Beta-Testern zu erhalten.
- Einplanung von mindestens einer **„Härtungs"-Iteration** im Release, um Unsicherheiten in der Planung abzufedern und ausreichend Zeit für qualitätsverbessernde Maßnahmen zu schaffen.

4.2 Planung im agilen Umfeld

- Einbezug des Entwicklungsteams bei der Releaseplanung. Das Team schätzt den Aufwand für die Umsetzung der Features selber und bestimmt, welche priorisierten Features es in einem Release umsetzen kann.
- Regelmäßige fest eingeplante und standardisierte Termine für Releaseplanung, Reviews und Qualitätssicherung. Hierdurch kann sichergestellt werden, dass geplante Aktivitäten hinsichtlich Termin und Inhalt wie vorgesehen durchgeführt werden.
- Globale Meilensteine als Synchronisationspunkte für verschiedene Teams und zur Fortschrittsüberwachung.
- Sorgfältige **Definition von „DONE"** mit Abnahmebedingungen für Features, um wirklich lauffähige Software zu erhalten, welche die eingeplanten Features umsetzt. Siehe hierzu Abschn. 2.4.1.3.
- Kontinuierliche Systemintegration und automatisiertes Testen, um sicherzustellen, dass die umgesetzten Software-Komponenten auch wirklich zusammenpassen, in die Systemlandschaft integriert werden können und die geforderten Einsatzszenarien unterstützen.

- **MVP** (Minimable Viable Product siehe Abschn. 2.4.2.4) **als Inhalt für die Detaillierung für den nächsten Sprint**
Jede Ausbaustufe, jeder Sprint, muss Features mit klar definierten Nutzen liefern. Es ist jedes Mal quasi ein MVP aufbauend auf dem, was schon da ist. MVP ist die Lösung mit dem minimalen Funktionsumfang, der Nutzen für den Kunden liefert.
- **Planung entsprechend der Erfordernissen der Planungsebene – je näher die Umsetzung, desto genauer der Plan**
In Abb. 4.7 finden Sie ein Beispiel mit unterschiedlichen Planungshorizonte dargestellt. Die Jahresplanung erfolgt häufig im Rahmen der Budgetierung. Die Releaseplanung zu Beginn eines Produktentwicklungsprojektes und die Sprint-Planung zu Beginn jedes Sprints. Die Sprint-Planung ist so konkret, dass das Entwicklungsteam detailliert weiß, was umzusetzen ist (siehe Abb. 4.8). Je ferner die Umsetzung, umso gröber wird die Planung. In Abb. 4.9 und 4.10 finden Sie die erforderlichen Granularitäten in den Planungsebenen.
  - Strategische Planungsebene: Investitionsthemen als Basis für die Budgetierung oder die Erstellung des Projektportfolios im Rahmen der strategischen Planung
  Beispiel für einen Backlog-Eintrag: Außendienstanbindung
  - Taktische Planungsebene: Produkt-Backlog mit den Anforderungen für die Weiterentwicklung des Produktes
  Beispiel für einen Backlog-Eintrag: Auftragsabwicklung im Kontext der Außendienstanbindung sowie Teile davon, wie z. B. Kundenauftrag neu anlegen im Kontext der Außendienstanbindung Auftragsabwicklung
  - Operative Planungsebene: Sprint-Backlog mit den Anforderungen, die im Sprint umgesetzt werden sollen

Beispiel für einen Backlog-Eintrag: Kundenauswahl bei Neuanlage Kundenauftrag oder als User-Story „Als Außendienstmitarbeiter möchte ich eine Übersicht über alle Kunden erhalten, so dass ich einen auswählen kann, um für diesen einen Auftrag zu erfassen."

▶ **Tipp** Umgang mit Unsicherheit: Nur so viel planen, wie nötig!
Je näher die Umsetzung, desto genauer der Plan!
Randbedingungen und Annahmen nachvollziehbar dokumentieren!
Priorisieren der Anforderungen durch agiles Verhandeln!

Auf allen Ebenen kann agil geplant werden. In der **taktischen** Planungsebene wird dafür gesorgt, dass die wirklich wichtigen und strategisch in der Investitionsplanung beabsichtigten Dinge auch umgesetzt werden. Durch eine Planung in einer groben, aber doch inhaltlich fundierten Granularität (Themenbereich, Feature und ggf. Teil-Feature) wird mit überschaubarem Aufwand ein inhaltlicher Rahmen für die Projekt- und Iterationsplanung geschaffen. Durch die Verknüpfung zwischen Artefakten auf den verschiedenen Ebenen wird die Grundlage für die Steuerung der Umsetzung geschaffen. Hierzu werden mit vertretbarem Aufwand die relevanten Themenbereiche und Features identifiziert und abgestimmt. Die strategischen Geschäftsanforderungen werden weiter heruntergebrochen

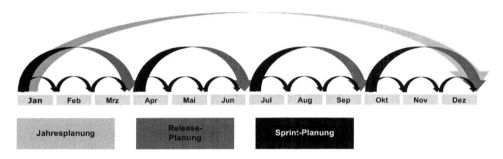

Abb. 4.7 Beispiel Planungshorizonte

Abb. 4.8 Planungsgenauigkeit in den Planungshorizonten

4.2 Planung im agilen Umfeld

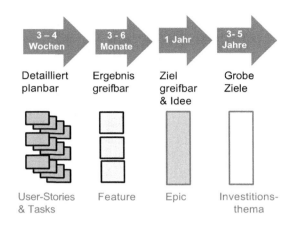

Abb. 4.9 Granualitäten in den Planungsebenen

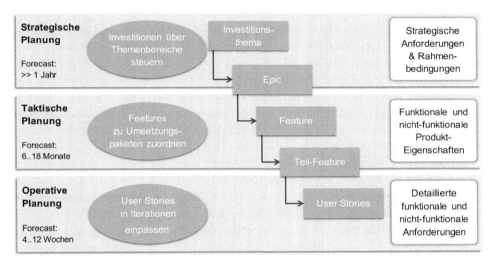

Abb. 4.10 Planungsebenen und Granularitäten (siehe [5])

und aus den gesammelten Detailanforderungen und Pains werden über eine Bottom-up-Konsolidierung Themenbereiche, Features und in einigen Fällen sogar Teil-Features identifiziert. Diese werden dann zu taktischen Umsetzungspakete gebündelt, analysiert und bewertet. Hierauf setzt die eigentliche taktische Umsetzungsplanung auf. Ergebnisse sind Projektanträge, das aus fachlicher Sicht sinnvolle Projektportfolio und/oder (Produkt-) Roadmaps für die Umsetzung der taktischen Umsetzungspakete. Die Projektanträge werden ins Projektportfoliomanagement und die Produkt-Roadmap ins Produktmanagement eingesteuert. Nur so wird erreicht, dass das, was beabsichtigt wird, auch wirklich umgesetzt wird.

Neben den aus den Zielen abgeleiteten strategischen Geschäftsanforderungen, sind die gesammelten Geschäftsanforderungen die Basis für die taktische Planung. Aus den strategischen Geschäftsanforderungen wird Top-down z. B. eine Capability Map mit den (Teil-)

Feature-Kandidaten erstellt. Die gesammelten Anforderungen haben die unterschiedlichsten Granularitäten; von der Tendenz her sind sie aber eher feingranular. Diese Anforderungen müssen den Top-down ermittelten (Teil-)Feature-Kandidaten in der Bottom-up-Konsolidierung zugeordnet werden. Auf diesem Weg erhält man ähnliche Granularitäten. Themenbereiche und (Teil-)Features werden durch die Zusammenfassung und/oder Splitten von Realisierungsanforderungen ermittelt. Die so identifizierten mittelgranularen Geschäftsanforderungen füllen die Top-down ermittelten Themenbereiche und (Teil-)Features mit Leben und justieren diese, d. h. passen diese an die durch Kundenwünsche geforderte Realität an. Falls es keine passenden gibt, muss die Feature-Map entsprechend angepasst werden.

Natürlich können sich im Rahmen der Umsetzung Veränderungen ergeben. Diese müssen dann aber auf grober Ebene auch wieder in die taktische Planung einfließen. So können Veränderungen auf taktischem Level adäquat – mit überschaubarem Aufwand – gemanagt werden.

Die Detaillierung auf operativer Ebene in User-Stories erfolgt in enger Abstimmung mit dem agilen Entwicklungsteam im Backlog-Grooming (siehe Abschn. 2.4.2.6) oder aber in der Sprint-Planung (siehe Abschn. 2.4.2.3). Auf dieser Granularitätsebene ist die Planung konkret genug, um eine Orientierung für die konkrete Umsetzung für das Entwicklungsteam zu geben. Hierzu werden in der agilen Planung die Features, die absehbar im nächsten Sprint umgesetzt werden sollen, in User-Stories heruntergebrochen. Jede User-Story ist so zu formulieren, dass sie innerhalb von ein bis zwei Wochen umsetzbar sind. So lassen sich User-Stories in ihrer Komplexität schnell schätzen.

Eine zentrale Voraussetzung für eine erfolgreiche agile Planung ist ein systematisches Backlog-Management mit einheitlichen Granularitäten (siehe Abschn. 3.2.1). Um die richtigen Granularitäten zu finden, ist es wichtig, schnell, grobe Aufwandschätzungen vorzunehmen. Nur so hat man ein Gefühl für Granularitäten. Eine vergleichende „good enough" Aufwandsschätzung reicht hierbei völlig aus (siehe Abschn. 3.2.3.1).

Im Unterschied zur Wasserfall-Planung schätzt man bei der agilen Planung die Komplexität und nicht den Aufwand der umzusetzenden Features beziehungsweise User-Stories ab. Hierzu nutzt man Story Points für die Abschätzung der Komplexität von User-Stories. Ein Story Point ist eine relative Maßeinheit zur Abschätzung des Aufwands für die Umsetzung der Anforderung (siehe Abschn. 2.4.2.1).

Story Points werden durch das Vergleichen der Komplexität von User-Stories im „Planning Poker" vergeben (siehe Abschn. 2.4.2.1). Wenn man die Velocity des Teams je Iteration grob kennt, kann man eine Aussage darüber treffen, in welcher Iteration ein Feature voraussichtlich geliefert werden kann. Wenn die Größenordnung von Story Points pro Iteration noch nicht bekannt ist, können auch hier Erfahrungswerte als Indikator genutzt werden.

Eine **vergleichende Schätzung** ist schneller als eine klassische Aufwandsabschätzung durchführbar, da sich Menschen mit der Schätzung absoluter Dinge schwertun. Es fällt viel leichter, Dinge in Relation zueinander setzen und zu erkennen, was größer und was kleiner ist.

4.2 Planung im agilen Umfeld

Zudem ist die Komplexität objektiver einschätzbar. Sie bleibt im Gegensatz zum Aufwand im Projektverlauf gleich und ist unabhängig vom Umsetzer. Die Aufwände verringern sich dagegen z. B. für ähnliche Aufgaben aufgrund des Erfahrungsgewinns, wenn sie von den gleichen Personen umgesetzt werden.

▶ **Vorteile vergleichender Schätzung** Warum Komplexität anstelle von Aufwand geschätzt wird:

- Relation zwischen Anforderungen leichter abschätzbar als absolut. „Was ist kleiner bzw. größer?"
- Die Geschwindigkeit, d. h. u. a. welcher Entwickler setzt was um, muss bei der Komplexitätsabschätzung noch nicht einkalkuliert werden.
- Die vergleichende Komplexitätsschätzung erfolgt in der Regel in agilen Planungsmeetings (siehe Abschn. 2.4.2) mit viel Diskussion und Abstimmung zwischen Produkt-Owner, Team und Team-intern. Alle erlangen dadurch ein gemeinsames Verständnis über die Anforderungen. Unklarheiten werden frühzeitig erkannt und offene Fragen können unmittelbar geklärt werden.
- Komplexitätsschätzungen altern nicht. Die Komplexität bleibt im Projektverlauf gleich. Aufwandsabschätzungen verändern sich aufgrund der fehlenden Erfahrung im Projektteam häufiger.

Für die agile Planung werden Techniken, wie z. B. Planning Poker oder Planungs-Kickoff-Meetings eingesetzt (siehe Abschn. 2.4.2). Ein agiles Team, das bislang noch wenig Erfahrung damit hatte, muss schrittweise hingeführt werden („agiles Lernen" siehe Kap. 5). Häufige Anfangsfehler sind:

- **Nichtausreizen der Schätzskala**
  Kleine und großen Werte der „Schätzskala", wie z. B. „1, 2, 3, 5, 8, 13, 20, 40 und 100", werden nicht genutzt.
  Bei den ersten Planungsmeetings fällt es neuen agilen Teammitgliedern schwer, die ganze Schätzskala auszureizen. Die kleinsten und größten Werte werden selten benutzt. Dadurch ist aber keine große Differenzierung mehr vorhanden. Die Planung wird ungenauer.
- **Streben nach exakten Schätzungen**
  Erfahrene Projektleiter aus Wasserfall-Vorgehensmodellen möchten gerne exakte Schätzungen abgeben, da dies bislang von ihnen so erwartet wurde. Es dauert in der Regel etwas, bis sie verstehen, dass dies nicht leistbar ist und, dass dies in der agilen Planung so in Ordnung ist.
  Exakte Abschätzungen, und auch die Versuche davon, arten zudem in großen Aufwänden aus. Die Ergebnisse sind häufig aber nur geringfügig besser.
  Typisch für das Streben nach exakten Schätzungen sind Fragen nach der Genauigkeit der Abschätzung, z. B. „Liegt Deine Abschätzung im Bereich von +/−20 %?".
  Wenn diese Frage beantwortet werden kann, dann kann auch der exakte Wert berechnet werden.

Eine agile Planung ist also nicht planlos. Es wird nur so viel geplant, wie nötig ist, um eine belastbare Aufwandsschätzung durchzuführen. So kann man mit angemessenem Aufwand sicherstellen, dass die richtigen Dinge getan werden. Sicherlich gibt es Unsicherheiten sowohl in der agilen als auch in der Wasserfall-Planung. Während die Wasserfall-Planung eine Pseudo-Unsicherheit erzeugt, geht man mit dieser Unsicherheit in der agilen Planung offen um. Exakte Planungen über große Zeitstrecken sind eine Illusion. Durch agile Planung kann entsprechend den Erfordernissen des Planungshorizontes in einer passenden Granularität zeitgerecht eine belastbare („good enough") Aufwandsschätzung erstellt werden. So kann mit angemessenem Aufwand eine Grundlage für die Umsetzung und auch für Verträge geschaffen werden, die sich an Veränderungen anpasst.

▶ **Merkregeln für die agile Planung** Detaillieren Sie Geschäftsanforderungen in den einzelnen Planungsebenen jeweils nur so weit, dass Sie ausreichend Informationen haben, um den jeweils „nächsten Schritt" gehen zu können.

Ein Plan ist eine auf dem aktuellen Kenntnisstand und bestimmten Annahmen, nach bestem Wissen, getroffene Aussage zu einer möglichen Entwicklung in der Zukunft. Es gibt keine Garantie, dass ein Plan zu 100 % „erfüllt" wird. Nutzen Sie z. B. Burn-down-Charts, um Abweichungen zu erkennen. Wenn es Abweichungen gibt, suchen Sie die Ursachen dafür. Passen Sie die Planung aufgrund der neu gewonnenen Erkenntnisse in enger Abstimmung mit Ihren Stakeholdern hinsichtlich Inhalten, Terminen und Kosten an.

Planänderungen sind eher die Regel als die Ausnahme. Etablieren Sie Abstimmungs- und Entscheidungsprozesse, in denen festgelegt ist, wie bei Planänderungen vorzugehen ist.

Beim agilen Planen muss mit der Unsicherheit umgegangen werden. Hier muss die Erwartungshaltung der Auftraggeber und Entscheider gemanagt werden. So benötigt z. B. der Manager für die Festlegung von Budgets oder der Einkauf für die Beauftragung von Dienstleistern eine Grundlage. Eine Wasserfall-Planung liefert hier, wie schon ausgeführt, nur eine Scheinsicherheit. Dies hängt mit dem Verändern der Anforderungen über die Zeit zusammen. Wie kommt man aus diesem Dilemma heraus? Auch hier gibt es eine Reihe von Best-Practices (siehe [5]). Eine davon ist der agile Festpreis.

4.3 Agiler Festpreis

Agile und Festpreis hört sich erstmal wie ein Widerspruch an. Zum einen enthält der Begriff das Wort „agil" und damit wird von veränderlichen Anforderungen ausgegangen. Zum anderen enthält der Begriff das Wort „Festpreis", das für einen vertraglich klar definierten Funktionsumfang, Zeitrahmen und Budgets steht. Durch einen Festpreis wird der Funktionsumfang vorab soweit festgelegt, dass eine vertragliche nachvollziehbare Grundlage für z. B. die Bezahlung eines Dienstleisters geschaffen wird. Auf Änderungen kann

4.3 Agiler Festpreis

nur durch Nachverhandlung und Change Requests reagiert werden. Man hat sich auf einen Funktionsumfang geeinigt und muss diesen vertraglich einhalten.

Sicherlich kann man sich hier fragen, warum man überhaupt einen Festpreis braucht. Agiles Vorgehen hat sich ja bewährt. In der Praxis werden jedoch gerade bei großen Projekten Budgets nur selten vergeben, wenn im Vorfeld nicht der Umfang definiert und für die Entscheider greifbar ist. Festpreise geben (oder spiegeln vor?) eine gewisse Planungssicherheit, so dass u. a. die Kosten nicht explodieren können. Insbesondere, wenn die Umsetzung durch einen externen Dienstleister erbracht werden soll, sind „absichernde" Verträge an der Tagesordnung, die es ermöglichen, das Risiko mit dem Dienstleister zu teilen oder aber es komplett auf ihn zu übertragen.

Der Wunsch des Kunden nach Planungssicherheit führt bei klassischen Festpreisverträgen dazu, dass am Ende beide Partner verlieren. Der Dienstleister schlägt in der Regel hohe Risikozuschläge auf die abgeschätzte Summe, um sich seinerseits abzusichern. Zwar muss der Dienstleister die Funktionalität für den definierten Preis abliefern. Doch ist die Auslegung, was die Funktionalität wirklich bedeutet, zum Zeitpunkt des Vertragsabschlusses noch nicht wirklich klar. Im schlimmsten Fall muss dies durch das Gericht geklärt werden.

Hinzu kommen Veränderungen. Veränderte Funktionalitäten müssen über aufwändige Change Request Verfahren vertraglich nachgezogen werden. Häufig werden bei starren Verträgen die ursprünglich festgeschriebenen Anforderungen anstelle der veränderten wirklichen Anforderungen herangezogen. Dies führt bis hin zu unbrauchbaren Systemen.

Was ist nun ein agiler Festpreis?

Der agile Festpreis schafft eine vertragliche Grundlage und ein Verfahren für die Änderung von Anforderungen im Projektverlauf. Neue Anforderungen tauchen auf, die Priorisierung von Anforderungen ändert sich oder der Inhalt bereits geplanter Anforderungen wird angepasst. Darüber hinaus kann sich die Umsetzung von Anforderungen verzögern. Ursachen hierfür können sein, dass der Umsetzungsaufwand für Features oder Realisierungsanforderungen zu gering eingeschätzt wurde, dass bestimmte Skills im Projektteam fehlen oder dass technische Risiken falsch eingeschätzt wurden.

Mit diesen Veränderungen muss auch vertraglich umgegangen werden, wenn die Umsetzung eines oder mehrerer Releases unternehmensextern oder intern beauftragt wurde. Ein Weg ist sicherlich das Change-Request-Verfahren. Dies kostet aber sowohl auf Auftraggeber- als auch Auftragnehmerseite viel Aufwand und bringt zudem häufig nicht den gewünschten Effekt. Beide Seiten versuchen, ihr finanzielles Risiko zu begrenzen, und letztendlich wird nicht das umgesetzt, was der Auftraggeber wirklich braucht. Daher wird zunehmend häufig anstelle dessen bereits bei Vertragsabschluss ein agiler Festpreis vereinbart.

Ein agiler Festpreis ist ein verbindlicher Gesamtpreis für eine gegebene Menge von Anforderungen mit inhaltlichem Spielraum. Der Auftraggeber erhält realisierte Anforderungen im Gesamtwert des Gesamtpreises und kann die Inhalte im Projektverlauf ändern. Hierzu werden ein für den Auftraggeber transparentes Verfahren für die Aufwandsschätzung bei neuen oder veränderten Geschäftsanforderungen sowie das Verfahren für den

Austausch von Anforderungen im Lieferumfang vereinbart. So hat der Auftraggeber Planungssicherheit und zugleich Anforderungsflexibilität. Lästige und aufwändige Change-Request-Verfahren werden eingespart.

Der zeitliche Verlauf bei einem agilen Festpreis-Projekt ist in Abb. 4.11 plakativ dargestellt. Zum Beauftragungszeitpunkt sind eine Reihe von Features und deren Aufteilung auf die Inkremente zwischen Auftraggeber und Auftragnehmer festgelegt. Auch der Gesamtpreis (Festpreis) ist fixiert. Mit der Planung jedes Inkrements (gegebenenfalls auch jeder Iteration) wird die initiale Planung verändert und ursprünglich eingeplante Features werden durch gegebenenfalls neue oder veränderte Features ersetzt, sofern dies in den Festpreisumfang passt.

Der agile Festpreis kommt im Kontext der agilen Projektabwicklung zum Tragen. Ausgangspunkt ist ein Backlog, eine priorisierte und eine nach einem festgelegten Aufwandsschätzverfahren bewertete Anforderungsliste von Features. Wenn im Projektverlauf neue Anforderungen hinzukommen oder sich vorhandene an für sich oder in der Priorität verändern, wird nach dem festgelegten Schätzverfahren die neue Situation bewertet und die Planung (und damit die Beauftragung) entsprechend der neuen Prioritäten verändert und dokumentiert. So werden aufwändige CRs und gleichzeitig unvorhersehbare Risiken auf beiden Seiten vermieden.

Für den agilen Festpreis ist ein gut gepflegter Produkt-Backlog Voraussetzung (siehe Abschn. 3.2.3.2). Die Anforderungen müssen einerseits hinreichend genau beschrieben sein und andererseits aber auch ausreichend Gestaltungsspielraum im Projektverlauf lassen. Für agile Festpreise reichen häufig von der Granularität her „Features" oder „Teil-Features" (siehe Abschn. 3.2.1), um den Leistungsumfang vor dem Projektstart zu definieren. Mehr ist in der Regel auch inhaltlich nicht möglich.

So ist es z. B. bei einem neu aufzubauenden Portal für Lieferdienste initial wichtig, dass unterschiedliche benannte Bezahlmodelle wie Paypal, Barzahlung oder Banküberweisung möglich sind. Wie diese im Detail umgesetzt werden, muss vor Projektstart nicht im Detail beschrieben werden. Wichtig ist aber, dass weitere Bezahlmodelle hinzukommen können.

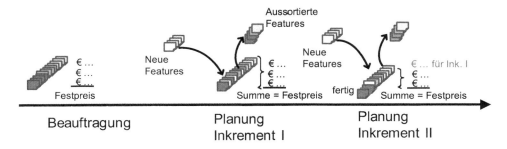

Abb. 4.11 Agiler Festpreis im Überblick (siehe [5])

4.3 Agiler Festpreis

Diese Flexibilitätspunkte (ebenso wie andere nichtfunktionale Eigenschaften) müssen als Anforderung klar benannt werden, da davon die Architektur des zukünftigen Systems maßgeblich beeinflusst wird.

Der Produkt-Backlog wird, wenn vorab noch nicht vorhanden, für den agilen Festpreis top-down als „fachlicher Bauplan" heruntergebrochen. Ausgangspunkt sind die strategischen Ziele und Themenbereiche. Soweit vorhanden sollten hierfür Branchen-Referenzmodelle verwendet werden.

▶ Funktionale und nichtfunktionale Anforderungen müssen vor Projektstart als Grundlage für einen agilen Festpreis auf Ebene von (Teil-)Features gut beschrieben und priorisiert vorliegen.
Nichtfunktionale Anforderungen wie Usability, Performance, Zuverlässigkeit, Sicherheit und Betreibbarkeit beeinflussen maßgeblich die Architektur eines IT-Systems und müssen daher frühzeitig für die Schätzung im agilen Festpreis festgelegt werden.

Auf der Basis des gepflegten Produkt-Backlogs kann die Schätzung der prioren Anforderungen erfolgen, die voraussichtlich im agilen Festpreisprojekt umgesetzt werden sollen. Hierzu müssen die Projektdauer und die Anzahl der Iterationen definiert und ein Releaseplan (siehe Abschn. 4.2) erstellt werden. In der Releaseplanung werden (Teil-)Features in Inkrementen mit definierten Releaseterminen zusammengefasst. In Abhängigkeit von der vorab festzulegenden Iterationsdauer und der Anzahl der geplanten Releases, erfolgt die Bündelung der (Teil-)Features durch Analyse und Bewertung.

Je weiter man in die Zukunft schaut, desto gröber ist die Planung der Releases. Das zeitlich nächste Release wird in der Regel auf Ebene von Teil-Features geplant. Für Folgereleases sind oft nur Features oder Themenbereiche angegeben. Der Releaseplan wird im agilen Festpreis als Orientierung dokumentiert. Er verändert sich gegebenenfalls im Projektverlauf mit den sich verändernden Anforderungen und Rahmenbedingungen.

Die Schätzung der Anforderungen für den Releaseplan erfolgt in der Regel durch eine Expertenschätzung und Analogieverfahren der umzusetzenden Features durch Feature Points. Hier werden die gleichen Schätztechniken wie in der Sprint-Planung (siehe Abschn. 2.4.2) eingesetzt; nur eben auf einer taktischen Ebene. Ziel ist es, frühzeitig und mit verhältnismäßig geringem Aufwand sicherzustellen, dass das Richtige getan wird und Fehlinvestitionen vermieden werden. Die Granularität „(Teil-)Features" reicht hier völlig aus. Erst in der Iterationsplanung werden die Features dann weiter heruntergebrochen und operationalisiert.

Für die Schätzung ist sehr viel Erfahrung notwendig. Experten müssen hinzugezogen werden. Wenn die Risiken trotzdem unüberschaubar bleiben, müssen ggf. Durchstiche erstellt werden (siehe Abschn. 4.1), um Komplexitätsgrößenordnungen zuordnen zu können. Dies muss offen zwischen Auftraggeber und Umsetzungspartner (intern und extern) angesprochen werden.

In klassischen Festpreisprojekten werden häufig umfangreiche Risikozuschläge gemacht. Dies sollte beim agilen Festpreis weitestgehend vermieden werden, da diese „Absicherungsstrategie" die Vorteile der agilen Festpreisplanung zunichtemacht. Vorteil der agilen Festpreisplanung sind die feingranularen Feature-Festpreise, in den sich die Risiken in der Regel aufheben.

Wichtig ist eine Priorisierung der Anforderungen. Hier gehen häufig als Bewertungsdimensionen, neben dem grobgeschätzten Aufwand, der Nutzen, der Wert- und Strategiebeitrag und das Risiko sowie die Machbarkeit mit ein.

Sicherlich gibt es in der Regel auch bei der agilen Festpreisplanung Risikozuschläge für Gewährleistung und andere Risiken. Diese sollten aber idealerweise offen zwischen den Vertragspartner angesprochen werden.

Der agile Festpreis hat Vertragscharakter. So müssen unter anderem die Mitwirkungspflichten des Auftraggebers und die Abgrenzungen abgestimmt und festgeschrieben werden. Wesentlich sind auch die Rahmenbedingungen (siehe Abschn. 4.1). Rahmenbedingungen können strategischer, organisatorischer, fachlicher oder technischer Natur sein. Beispiele sind Unternehmens- oder persönliche Ziele sowie Prinzipien wie „Einfache Installation" und „Schwerpunkt auf Usability" oder aber eine Verpflichtung zu festen Releaseterminen.[1] Diese setzen Leitplanken für die Umsetzung und sind gleichzeitig ein Versprechen für die Nutzer.

Ein wichtiger Bestandteil eines agilen Festpreises ist auch die Festlegung des Vorgehens, wie z. B. Scrum oder Kanban (siehe Abschn. 2.3) sowie des Releasetakts (siehe Abb. 4.12). In der Abb. 4.12 arbeiten drei Produktteams im gleichen Releasetakt. In der Beispielgrafik wird zwischen internen und externen Releases unterschieden. Diese Unterscheidung wird häufig dann gemacht, wenn der Aufwand für die Inbetriebnahme z. B. aufgrund von Anwenderschulungen oder anderen Bereitstellungsaufwänden nur in einem größeren Zeitabstand praktikabel ist.

Falls Abhängigkeiten zu anderen Projekten oder Produkten bestehen, müssen diese auch aufgezeigt werden. Häufig werden hierfür die verschiedenen Produkte oder Projekte in einem übergreifenden Masterplan dargestellt (siehe [6]).

Planänderungen sind eher die Regel als die Ausnahme. Daher werden im agilen Festpreisprojekten Abstimmungs- und Entscheidungsprozesse im Vertrag festgelegt, wie bei Planänderungen vorzugehen ist. Von besonderer Bedeutung sind transparente Verfahren für die Schätzung und für den Austausch der Anforderungen.

Die Abwicklung von agilen Festpreisprojekten setzt eine agile Kultur voraus. Dies keimt häufiger bei technischen Einheiten als beim Einkauf oder der Rechtsabteilung auf. Daher wird häufig beim agilen Festpreis das Vertragswerk „juristisch sauber" durch Einkauf und Rechtsabteilung geregelt. Der agile Festpreisinhalt und die Verfahren sollten

---

[1] Feste Releaszyklen sind fest vorgegebene Releasetermine wie zum Beispiel alle drei Monate ein Release. Die konkreten Inhalte für ein Release werden so gewählt, dass sie vom Umfang her in den vorgegebenen Zeitrahmen passen. Feste Releasezyklen können die Komplexität im IT-Management reduzieren.

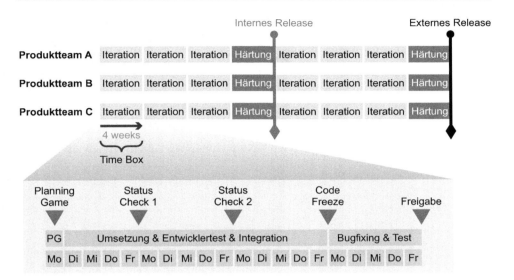

Abb. 4.12 Beispiel Iterationsplanung (siehe [5])

aber mit dem Fachbereich so gestaltet werden, dass eine partnerschaftliche vertrauensvolle Zusammenarbeit möglich ist. Die agile Kultur (siehe Kap. 5) ist Voraussetzung für erfolgreiche agile Festpreisprojekte.

Literatur

1. Hanschke I (2016) Agile Planung – nur so viel planen wie nötig. Wirtschaftsinf Manage 4:70–78
2. Glogger B, Margetich J (2014) Das Scrum-Prinzip – Agile Organisationen aufbauen und gestalten. Schäffer-Poeschel Verlag, Stuttgart
3. Hanschke I (2014) Lean IT-Management einfach & effektiv – Der Erfolgsfaktor für ein wirksames IT-Management, 1. Aufl. Hanser-Verlag, München
4. Hanschke I (2017) Digitalisierung und Industrie 4.0 einfach & effektiv, 1. Aufl. Hanser-Verlag, München
5. Hanschke I, Giesinger G, Goetze D (2015) Business-Analyse – einfach und effektiv, 2. Aufl. Hanser-Verlag, München
6. Hanschke I (2013) Strategisches Management der IT-Landschaft. Ein praktischer Leitfaden für das Enterprise Architecture Management, 3. Aufl. Hanser-Verlag, München

Agile Kultur

Zusammenfassung

Agile Techniken reichen nicht für eine erfolgreiche Verankerung agiler Methoden in der Organisation aus. Das Mindset jedes Einzelnen muss sich ändern, um aus Feedback zu lernen. Eine offene Leistungs- und Fehlerkultur ist Voraussetzung für den Erfolg agiler Methoden. In diesem Kapitel beleuchten wir das Thema Kultur insbesondere auch in hierarchisch geprägten Organisationen und geben Ideen und Lösungsoptionen für die Transformation in Richtung einer agilen Kultur.

Eine agile Kultur ist eine Voraussetzung für den Erfolg mit agilen Vorgehensweisen. Aber, das was hinter dem Agile-Gedanken steht, haben viele Entscheider noch nicht verstanden. Sie treffen Entscheidungen über die Köpfe ihrer Mitarbeiter hinweg oder kürzen per Rasenmähermethode Budgets ohne Einbezug der Betroffenen. Viele Entscheider wollen überall mitreden und alles im Griff behalten. So wird das Potenzial einer lernenden und offenen Leistungskultur, das Agile und Lean Thinking (siehe Abschn. 2.1), verschenkt. Im Extremfall wird dadurch ein arbeitsunfreundliches Klima, eine angstgeprägte Absicherungskultur, geschaffen.

In einer angstgeprägten Absicherungskultur fehlt es häufig an Selbstreflektion und der Möglichkeit für Mitarbeiter, Kompetenzen und Verantwortung für Aufgaben zu übernehmen. Wichtig für Effizienz und Effektivität sind aber gerade offene Kommunikation und Feedback-Prozesse und auch Eigenverantwortung, Teamarbeit und Empowerment.

Eine offene Leistungskultur basiert auf Vertrauen, Respekt, Toleranz, Fairness, Partizipation und Integrität. Im Mittelpunkt steht der Mitarbeiter mit seiner praktischen Erfahrung und Lösungskompetenz, da darauf die Lösungskompetenz und Prozessbeherrschung fußt. Klare Verantwortung anstatt genauer Vorgaben. Wichtig ist insbesondere auch ein Verständnis für die Sinnhaftigkeit von Standards und Regeln und die Bereitschaft diese ggf. zu verändern sowie auch eigene Fehler zu kommunizieren. Siehe hierzu [1].

Die ständige Verbesserung muss das tägliche Denken bestimmen. Ein aktives Feedbackmanagement und Lernprozesse sind, neben überschaubaren beherrschten Schritten, die wesentlichen Säulen der kontinuierlichen Verbesserung. Überschaubare beherrschte Schritte sind notwendig, um schnell zu Ergebnissen zu kommen, für die Feedback eingeholt werden kann, um dann auf diesem sicheren Terrain das Erreichte über den nächsten Schritt weiter auszubauen. So nimmt einerseits die Gesamtumsetzungsgeschwindigkeit durch die schnellen, sicheren Schritte zu und andererseits steigt die Motivation durch den ständigen Fortschritt. So können die Geschäftsprozesse und die Organisation entsprechend des Feedbacks und der Erfahrungen kontinuierlich und agil optimiert werden. Feedback wird explizit zu jedem Ergebnis und jeder Aktivität eingeholt. Jeder Mitarbeiter muss einen Beitrag zur ständigen Verbesserung zielgerichtet auf die Umsetzung der Unternehmensstrategie und der Geschäftsanforderungen leisten. Die Führungskräfte benötigen Fingerspitzengefühl und einen langen Atem, um die traditionellen Denk- und Arbeitsstrukturen und die Kultur nachhaltig zu verändern (siehe [1]).

Jedes agile Teammitglied muss eigenverantwortlich handeln und sich persönlich, zu Kundennutzen und Qualität verpflichten, um die wirklichen Anforderungen der Kunden zu ermitteln und für die Kunden zufriedenstellende, angemessene Lösungen oder Produkte wirtschaftlich bereitzustellen. Over-Engineering wird so vermieden und Qualitätsmanagement wird so von jedem Mitarbeiter als „Standardaufgabe" durchgeführt. Eigenverantwortung schafft darüber hinaus Freiraum für Innovationen und steigert die Mitarbeitermotivation. Aus dem Spaß an der Arbeit resultiert Mehrleistung für das Unternehmen und für deren Kunden (siehe [1]).

Wichtig ist dabei, dass allen Teammitgliedern die Unterstützung gegeben wird, die sie benötigen, um ihre Aufgaben zu erledigen. Führungsphilosophien wie Servant Leadership (siehe Abschn. 2.4.1.6) oder Holacracy (siehe http://www.holacracy.org/) finden Anwendung.

Insbesondere das Management muss „Agile" (vor-)leben.

5.1 Wie ist Ihre agile Kultur?

Die Einführung von Agile in Unternehmen hängt stark von der individuellen Ausgangslage und insbesondere der bestehenden Unternehmenskultur ab. Organisationen, die selbstreflektierend und offen für Veränderungen sind, bewältigen die agile und auch die digitale Transformation leichter als kontrollbasierte Organisationen. In Abhängigkeit von der Ausgangslage müssen die richtigen Maßnahmen identifiziert werden.

Bei der Bestimmung des agilen Reifegrads geht es darum das Potenzial, die agilen Werte und Prinzipien organisationsübergreifend anzuwenden (siehe Abschn. 2.2). Hierzu können formale Modelle angewendet werden. Häufig reicht hier aber ein pragmatischer Ansatz.

Leicht können Sie mit folgenden Beispielfragen einen Eindruck über Ihren agilen Reifegrad erhalten:

- **Transparenz**
  Wie transparent sind bei Ihnen Entscheidungen und wichtige Informationen? Oder werden nur „angepasste" Sichten einzelnen Zielgruppen bereitgestellt?
  Ist die Entscheidungsfindung klar?
  Gibt es politische Spiele?
- **Agile Prinzipien verinnerlicht**
  Wie effektiv sind Ihre Meetings?
  Wie viel und für was wird dokumentiert?
  Wird so früh wie möglich und regelmäßig ausgeliefert?
  Gibt es agile Routinen, wie z. B. Standup-Meeting, Review oder Retrospektive?
  Wird agile Planung auch auf taktischer Ebene durchgeführt?
  Gibt es bürokratische Abläufe? Wie starr und flexibel sind Prozesse?
- **Aktiv gesteuertes Veränderungsmanagement**
  Wer treibt in Ihrem Unternehme die Changes? Unterstützt hierbei das Management? Wird mindestens 10 % Anteil des Budgets für das gesteuerte Veränderungsmanagement genutzt? Werden alle Beteiligte über anstehende Veränderungen ausreichend informiert?
  Regelmäßige Information?
- **Agile Leadership und Kommunikationskultur**
  Steht Sozialkompetenz und dienende Führung (siehe Abschn. 2.4.1.6) im Vordergrund? Gehen Führungskräfte mit den Mitarbeitern respektvoll um?
  Wird durch Führungskräfte die Motivation und Kreativität der eigenen Mitarbeiter angeregt? Schaffen Führungskräfte ein Umfeld für die Mitarbeiter, in der sie Freiräume für eigenverantwortliches Arbeiten und zur eigenen Entfaltung haben?
  Schaffen Führungskräfte die Rahmenbedingungen für Spitzenleistungen und räumen Probleme aus dem Weg?
  Wie nah sind Entscheider an der Basis? Wie ist der Kontakt der Unternehmensführung zur Basis?
  Werden bei Entscheidungen die Verantwortlichen und Betroffenen einbezogen?
- **Kundenorientierung**
  Wie ist das Verhältnis zwischen IT und Fachbereich oder zu Kunden allgemein? Eng und kollaborativ?
- **Inhaltliche Befähigung**
  Welchen Stellenwert haben fachliche oder technische Experten in Ihrem Unternehmen?
- **Fehlerkultur**
  Wie sieht die Fehlerkultur? Lösen Sie das Problem oder die Schuldfrage?
- **Lernende Organisation**
  Sind Feedback-Prozesse aufgesetzt? Wird aus Erfahrungen „gelernt"? Gibt es einen kontinuierlichen Verbesserungsprozess?
  Sind Vorschläge und Ideen willkommen?
  Gibt es eine explizite Mitarbeiter- und Organisationsentwicklung in Ihrem Unternehmen?
  Fühlen sich Mitarbeiter überfordert?

- **Motivation**
  Mangelndes Engagement?
  Werden (Teil-)Erfolge/Misserfolge gefeiert?
  Gibt es Existenzängste bei den Mitarbeitern? Wie stark ist die Veränderungsresistenz ausgeprägt?

Besonders die Fehlerkultur ist in vielen Organisationen nicht im Sinne des „Agile Thinkings" ausgeprägt. Wenn etwas schiefläuft, dann wird zuerst nach einem Schuldigen gesucht. Dann ist zwar weder das Problem im Detail analysiert noch gelöst, aber der Sündenbock ist gefunden und niemand muss sich mehr anstrengen.

Die Bestimmung des agilen Reifegrads ist maßgeblich, um geeignete Maßnahmen abzuleiten. Hierzu ist es aber auch wichtig zu analysieren, welche Ziele überhaupt erreicht werden sollen. Vielleicht soll die Organisation gar nicht in allen Ausprägungen „agil" werden.

Wenn die Ausgangslage und die Soll-Vision klar sind, muss diese schrittweise umgesetzt werden. Dies wird nun etwas näher betrachtet. Hierzu schauen wir uns zuerst Agile in hierarchischen Organisationen sowie die Organisationsform Holacracy als eine mögliche Soll-Organisationsform etwas näher an.

5.1.1 Agile in hierarchischen Organisationen

In vielen Unternehmen ist die Aufbauorganisation immer noch traditionell stark hierarchisch mit einer starken Rollen- und Machtorientierung geprägt. Jede Veränderung des Gefüges erfordert die Zustimmung vieler Beteiligten und führt zunächst zu Unsicherheit und Widerständen, da jede Veränderung eine Veränderung der Aufgaben-, Kompetenz- und Machtverteilung nach sich zieht. Daher ist die Veränderung schrittweise in einem gesteuerten Veränderungsprozess durchzuführen.

Erster Schritt ist häufig die lokale Einführung von agilen Entwicklungsmethoden in einem oder wenigen Projekten und organisationsübergreifende Schulungen; insbesondere auch im Management. Bei der lokalen Einführung von agilen Entwicklungsmethoden in einem Projekt gibt es eine ganze Reihe typischer Problemfelder an den Nahtstellen:

- **Produkt-Owner ist sowohl in klassischer hierarchischer als auch in agiler Organisation eingebettet** z. B. Scrum-Organisation. Nach außen bedient er im Wesentlichen die Schnittstellen zum Auftraggeber und gegebenenfalls dem Steuerkreis. Dies führt häufig zu einem Konflikt, da von ihm einerseits eine Nähe zum agilen Team und andererseits konventionell eine Nähe zum Auftraggeber erwartet wird. Gleichzeitig hat er zumeist wenig übergeordnete Management-Unterstützung.
  Was ist zu tun? Kommunikation, Kommunikation und nochmals Kommunikation, um Transparenz zu schaffen und zu überzeugen. Nach erfolgreichen ersten Inkrementen mit Erfolgen werben. Aber erfolgsentscheidend sind die handelnden Personen. Daher ist die sorgfältige Auswahl von belastbaren Produkt-Ownern und gegebenenfalls Coaching dieser, unabdingbar, um diesen Spagat hinzubekommen.

- **Inbetriebnahme erfolgt nach klassischen Vorgehen**
  Die Schnittstelle Anwendungsentwicklung zum IT-Betrieb ist häufig bereits etwas angespannt. Kontinuierliche und schnelle Auslieferung von Inkrementen kann häufig vom IT-Betrieb nicht umgesetzt werden.
  Was ist zu tun? Von besonderer Bedeutung ist hier das Aufsetzen einer kontinuierlichen und integrierten Test-, Integrations- und Inbetriebnahmeplattform und von den dazugehörigen, idealerweise automatisierten, Prozessen im Zusammenspiel zwischen Anwendungsentwicklung und IT-Betrieb. Dies ist zwar sehr anstrengend und zeitintensiv. Die Mühe macht sich aber nach Aufsetzen schnell bezahlt.
- **Klassischer Steuerkreis**
  Häufig findet man bei agilen Projekten trotzdem einen klassischen Steuerkreis mit Entscheidern, die das agile Vorgehen noch nicht verinnerlicht haben. Hier ist ein Pate, ein Sponsor, der aktiv das agile Vorgehen bei seinen Kollegen vermarktet essentiell.
  Was ist zu tun? Beim Aufsetzen vom Steuerkreis darauf achten, dass ein agiler Sponsor mit Einfluss vertreten ist.

Trennung der Verantwortung für „Was" und „Wie" ist entscheidend. Hier ist ein Umdenkprozess gerade bei Projektleitern und Entscheidern notwendig. „Was" ist Aufgabe des Produkt-Owners. Das „Wie" obliegt dem agilen Team.

Die **adäquate Besetzung der agilen Führungsrollen,** wie Produkt-Owner und Scrum-Master, ist ein kritischer Erfolgsfaktor; insbesondere während der ersten agilen Gehversuche. In hierarchischen Organisationen findet man typischerweise Linienführungskräfte und Projektleiter, die einen starken Bezug zu disziplinarischer Macht haben. Wenn ein klassischer Projektleiter die Rolle eines Scrum-Masters übernimmt, fällt es diesen daher häufig schwer, sich dezent im Hintergrund als Moderator oder Reviewer zu halten. Er fällt häufig zurück in die Rolle des dominanten Vorgesetzten und nutzt Möglichkeiten der Selbstvermarktung, um in den klassischen Karrieremodellen nicht an Bedeutung zu verlieren.

Es ist schwierig, klassische Linienvorgesetzte oder Projektleiter für die Rolle des Scrum-Masters oder Produkt-Owners zu gewinnen. Im Sinne der Personalentwicklung wird das Fehlen der formalen Macht als Rückschritt gesehen. Dies führt dazu, dass z. B. Softwareentwickler als Scrum-Master und Business-Analysten als Produkt-Owner eingesetzt werden. Häufig fehlt hier aber eine Vernetzung mit Entscheidern sowie Kommunikations- und Business-Transformations-Erfahrung.

Noch schwieriger ist es einen guten Produkt-Owner zu finden. Dieser ist verantwortlich für den langfristigen wirtschaftlichen Erfolg seines Produkts und ist gleichzeitig Anforderungsmanager für die Detailanforderungen, steht als Sparringspartner für das agile Team zur Verfügung und ist die Schnittstelle zum Kunden. Hier fängt er gegebenenfalls verschiedene Fachbereiche und Ansprechpartner ein und führt fachliche Entscheidungen herbei. Er ist also sowohl auf der fachlichen als auch auf der Projektmanagement-Ebene und dabei auf strategischer, taktischer und operativer Ebene unterwegs. Das Anforderungsprofil ist extrem anspruchsvoll (siehe Abschn. 3.1.2.1).

Eingebettet in einer hierarchischen Organisation ist die Rolle des Produkt-Owners noch schwieriger; zum Teil kaum lösbar, da er die Verantwortung z. B. für die Umsetzungsreihenfolge, aber kaum Entscheidungskompetenzen hat. Verantwortung und Kompetenz läuft hier völlig auseinander. Die Kompetenz für die Entscheidung hat die disziplinarische Führungskraft, die häufig nicht bereit ist, die Verantwortung für die strategische Ausrichtung des Produkts abzugeben. Solange „Agile" nicht in der klassischen Organisation angekommen ist, benötigt die disziplinarische Führungskraft auch Sichtbarkeit und muss bei den Machtspielen mitmachen, um nicht an Bedeutung zu verlieren oder sogar die Chefrolle zu verlieren.

Häufig übernimmt die disziplinarische Führungskraft daher zumindest formal die Rolle des Produkt-Owners. Die umfangreichen operativen Detailaufgaben kann aber die Führungskraft nicht zusätzlich leisten. Dies wirkt sich entweder auf die Qualität der Ergebnisse des Produkt-Owners aus oder aber ein Produkt-Owner-Unterstützer wird beauftragt, die operativen Aufgaben zu übernehmen und die Führungskraft für Entscheidungen zu konsultieren. Diese Doppelbesetzung erhöht dann den Aufwand und Entscheidungszeit; ist aber häufig zu Beginn die einzig funktionierende Alternative; wenngleich in einem gewissen Umfang Kompetenzunklarheiten und Missverständnisse vorprogrammiert sind. Der Produkt-Owner-Unterstützer ist dann in der Regel ein Business-Analyst oder ein Key-User aus dem Fachbereich.

Für das agile Team selbst gelingt die Umstellung zumeist. Wenn jedoch Kompetenzen fehlen, dann kann es für Teammitglieder „bedrohlich" werden, da durch die Transparenz die geringere Leistung des Teammitglieds sehr schnell zu Tage tritt. Hier ist der Scrum-Master gefordert, eine Lösung herbeizuführen. Ggf. muss er das Team verändern oder aber für eine gewisse Zeit einen Sparringpartner bereitstellen.

Für den Auftraggeber ist die Umstellung initial auch nicht einfach. Es gibt häufig Ängste, die Kontrolle zu verlieren, da klassische Planungs- und Berichtsinstrumente entfallen. Diese Ängste legen sich aber in der Regel nach einigen erfolgreichen Auslieferungen. Danach werden die Produktvorstellungen und -auslieferungen positiv aufgenommen.

Wie geht man mit dieser Situation am besten um?

Folgende Empfehlungen können bei den ersten Schritten hilfreich sein:

- **Rolle Scrum-Master aufwerten und Scrum-Master qualifizieren**
  Der Wert der Rolle Scrum-Master muss dokumentiert und kommuniziert werden. Das Gehaltsmodell eines Scrum-Masters muss dem eines klassischen Projektleiters entsprechen. Nur so ist sie für hochqualifizierte Mitarbeiter attraktiv.
  Scrum-Master müssen zudem insbesondere in Kommunikation, Präsentation und Business-Transformation ausgebildet werden.
- **Rolle Produkt-Owner als fachliche Führungslaufbahn aufwerten und mit Kompetenzen versehen**
  Die Rolle des Produkt-Owners muss parallel zur klassischen disziplinarischen Linienführung etabliert werden. Dies kann z. B. über eine Doppelspitze (disziplinarisch und inhaltlich) oder aber durch eine Produktorganisation erfolgen. Auch hier ist das

Gehaltmodell an die Anforderungen der Rolle anzupassen. Die entsprechenden Kompetenzen müssen der Linienführung gegebenenfalls weggenommen werden, wenn diese keine ausreichende freie Kapazität hat, um die Rolle selbst wirklich auszufüllen.

- **Steigerung der Team-Performance durch Verbreiterung vom Wissen**
  Über Techniken, wie Pair Programming oder aber Coaching, kann die Performance von vielen Teammitgliedern erheblich gesteigert werden. Zu Beginn sollte hier großen Wert daraufgelegt werden. Sollten einige Teammitglieder sich auch nach solchen Maßnahmen schwertun, muss gegebenenfalls das Team geändert werden. Der Scrum-Master hat hier die Aufgabe, Skeptiker zu überzeugen und vor allen Dingen Ängste zu identifizieren und soweit wie möglich auszuräumen.
- **Schnell werthafte Ergebnisse den Kunden zeigen**
  Der Erfolgsfaktor ist der zufriedene Kunde. Wenn der Kunde schnell die Vorteile vom agilen Vorgehen erkennt, kann schnell Vertrauen aufgebaut und Sponsoren für den weiteren Ausbau gefunden werden.
- **Agile in verteilten Organisationen durch Techniken wie „Boot-Camp" und „rotierender Guru" verankern**
  Durch Globalisierung und Vernetzung steigt der Anteil der verteilten Organisationen. Adäquate Techniken für eine verteilte Arbeitsweise sind erforderlich. Für das initiale Kennenlernen und „Einschätzen"-Lernen werden häufig „Boot-Camps" genutzt. Nach dem initialen Kennenlernen können dann vermehrt Video-Konferenzen oder Telefonate oder andere Kommunikationstechniken für z. B. die Routine-Meetings genutzt werden. Eine andere Technik ist der „rotierende Guru", der regelmäßig die Standorte wechselt und den Austausch fördert sowie als Botschafter fungiert. Der rotierende Guru wechselt hierbei, so wird eine engere Verzahnung erreicht.
  Die Retrospektiven bleiben aber über die Distanz eine Herausforderung und erfordern eine Menge Disziplin. Unabdingbar sind aber eine global integrierte, gemeinsame Code-Basis und eine Continuous-Integrationsumgebung sowie eine geteilte Kollaborationsplattform und Online-Tools, die für alle Teammitglieder zugänglich sind. Für eine reibungslose Zusammenarbeit müssen zudem technische Vorgaben, wie z. B. Kodiervorgaben, technische Standards wie z. B. Tools und Frameworks als Leitplanken gesetzt werden.

5.1.2 Soll-Vision Holacracy?

Zunehmend wird die Frage gestellt, ob die klassische hierarchische Organisation in der Zukunft noch geeignet ist, um z. B. die digitale Transformation zu bewältigen. Ein Ansatz, der hierbei an Bedeutung gewinnt, ist Holacracy (siehe [2]). Holacracy verfolgt das Prinzip der lebendigen selbstorganisierenden Struktur. Die Organisationsstruktur verändert sich hierbei kontinuierlich entsprechend der Erfordernisse der Organisation durch selbstorganisierende Teams. Auf eine traditionelle Management-Hierarchie wird gänzlich verzichtet.

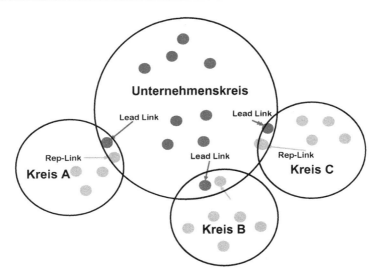

Abb. 5.1 Beispiel Holacracy-Struktur

Die kleinste organisatorische Einheit ist eine Verantwortlichkeit. Sie wird einer Rolle und diese wird einem Zirkel zugeordnet. Jede Rolle hat klar definierte Kompetenzen. Jeder Mitarbeiter kann mehrere Rollen auszufüllen. Die Rollen und deren Aufgaben werden vorab definiert und sind die Grundlage für die Ausgestaltung der Organisation.

Die Organisation wird in Kreise aufgeteilt. In Abb. 5.1 finden Sie ein Beispiel mit einem Unternehmenskreis und einem Kreis A, B und C. Dem Unternehmenskreis ist ein Handlungsspielraum auf Unternehmensebene zugeordnet. Die Handlungsspielräume der Kreise A, B und C nehmen ab. A könnte z. B. den klassischen Vertrieb, B die Produktion und C den Einkauf repräsentieren. Die natürliche Hierarchie von Handlungsspielräumen wird „Holarchie" genannt.

Die Kreise werden miteinander durch diejenigen Links verbunden, die beiden Kreisen angehören. Hierzu gehören der „Lead-Link" und der „Rep-Link". Der „Lead-Link" transportiert die Aufträge und Prioritäten aus dem nächst übergeordneten Kreis. Der „Rep-Link", der in einem Kreis gewählt wird, transportiert die Botschaften seines Kreises in den Übergeordneten.

Grundprinzipien aus der Soziokratie finden sich im Kern der Holacracy:

- Eine Organisation besteht aus „Kreisen". Die Kreise können auf gleicher Ebene unabhängig voneinander oder aber hierarchisch sein. Jeder Kreis hat einen Leiter.
- Jeder Kreis trifft innerhalb eines vom übergeordneten Kreis, falls vorhanden, festgelegten Entscheidungsrahmens autonome basierende Entscheidungen. Jeder Kreisangehöriger kann schwerwiegende auf die Sache bezogene Einwände einbringen.
- Hinweis: Dies ist eine Konsenskultur, wo erst alle voll damit einverstanden sein müssen und nach Kompromissen gesucht wird.

- Die Kreise vergeben Rollen autonom und transparent für alle Kreisangehörigen.
- Zwischen hierarchisch verbundene Kreise gibt es Verknüpfungen. Ein vom untergeordneten Kreis gewählter Deligierter des untergeordneten Kreises (Rep-Link) ist im übergeordneten Kreis vertreten. Umgekehrt stellt ein dem übergeordneten Kreis Angehöriger im untergeordneten Kreis die Beachtung des festgelegten Rahmens sicher (Lead-Link).

Weitere Kernelemente von Holacracy sind:

- Vorgabe von Spielregeln über die Geschäftsordnung für die Verteilung von Kompetenzen
- Aktuelle Struktur der Organisation (siehe Abb. 5.1) mit ihren Kreisen, Rollen und Kompetenzen
- Übergeordnete Leitprinzipien als Orientierung und Eckwerte für jedes Handeln
- Tägliches 15-minütiges Standup-Meeting (analog siehe Abschn. 2.4.1.1) zum Austausch und Synchronisieren im Team.
- „Was wurde seit dem letzten Meeting gemacht?"
- „Was ist bis zum nächsten Meeting geplant?"
- „Welche Hindernisse sollten aus dem Weg geräumt werden?"
- Taktische Meetings für inhaltliche Steuerung und Entscheidungen z. B. in der Form von wöchentlichen, zeitlich begrenzten, Arbeitsmeetings, um Transparenz über den Arbeitsstand zu schaffen, das Team zu synchronisieren sowie Verbesserungsmaßnahmen zu erkennen und einzuleiten.
- Regelmäßige Steuerungsmeetings mit allen Kreismitgliedern sowie Kreis-Leiter sowie Deligierte der Unterkreise. Diese Meetings dienen der Optimierung des Vorgehens sowie um Rollen, Kompetenzen und Regeln für die Zusammenarbeit zu aktualisieren. Hier werden ggf. auch Kreise geteilt, wenn eine Überlast-Situation eingetreten ist, oder aber entsprechend den Erfordernissen geändert.

Meetings werden generell straff moderiert, um Politik und Machtgerangel keinen Raum zu geben. Ausgangspunkt für die Einführung von Holacracy ist ein geklärtes Aufgaben- und Rollenmodell. Weitere Informationen zu Holacracy finden Sie in [2].

Holacracy wird häufig in Schritten eingeführt. Ausgangspunkt ist in der Regel eine klassische Organisation, in der aus Hierarchieebenen Kreise werden. Die Hierarchie wird „umgedeutet". Dies ist in Abb. 5.2 dargestellt.

Die Koordination und Steuerung wird mit einem hohen Maß an Autonomie und Partizipation verbunden. Konkret werden hierzu, wie beschrieben, die Kreise verzahnt und die drei Arten von Meetings eingeführt und etabliert.

Wenn dieser erste Schritt gelungen ist, folgt der ungleich schwierigere nächste Schritt. Die Kreise müssen optimiert werden. Hierzu wird jeder Kreis dahingehend beleuchtet, welchem Zweck er dient. In der Folge kann es zur Erweiterung, Veränderung, Wegfallen oder Neugründung von Kreisen kommen. Hier muss dann mit den aufkeimenden Existenzängsten umgegangen werden. Für viele Mitarbeiter ist es schwierig, die mit der bisherigen

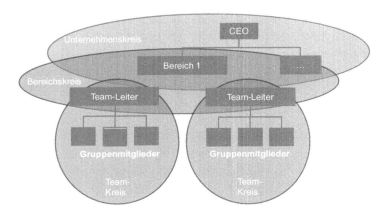

Abb. 5.2 Holacracy auf der Basis einer klassischen hierarchischen Organisation

Position verbundene Macht und Anerkennung zu verlieren. Die handelnden Menschen müssen den Wandel verstehen und sich damit identifizieren. Nur so werden sie ihn aktiv mitgestalten und vor allem mittragen.

Holacracy wird kontrovers diskutiert. So wird von Kritikern z. B. in Frage gestellt, ob ein geklärtes Aufgaben- und Rollenmodell vorab erstellt werden kann. Schwerer wiegt aber die Frage, ob dies mit der menschlichen Natur vereinbar ist, wo Macht und Eitelkeit eine große Rolle spielen.

Unabhängig davon stellt Holacracy ein interessantes Denkmodell dar, das man sich näher anschauen sollte, wenn man sich mit agilen Organisationen beschäftigt.

5.2 Verankern von agilen Methoden in der Organisation

Beim Verankern von agilen Methoden (siehe Abschn. 2.3), wie z. B. Scrum und Kanban muss man sich vom Hierarchie- und Rollendenken verabschieden und agile Werte und Prinzipien konsequent in Organisation und Prozessen anwenden.

Wichtig sind hierfür insbesondere:

- **Schnelle werthafte Ergebnisse (Quick-wins)**
  Vollständig fertige und potenziell produktiv einsetzbare Funktionalität mit Kundenwert in jeder kurzen Iteration ist wesentlich. Sichtbare Ergebnisse festigen das Vertrauen. Zudem kann so schnell auf Veränderungen reagiert werden. Jedes Lieferinkrement ist ein Erfolg und muss gefeiert werden.
  Besonders bei neuen Produkten, wo noch keine Erfahrung vorhanden ist, helfen frühe Testballons (Lean Startup siehe Abschn. 2.4.2.4), um schnell Erkenntnisse für die Weiterentwicklung zu erhalten.
- **Agile Routinen und gelebte Transparenz**, wie Standup-Meetings oder Reviews und ein Kaban-Board

5.2 Verankern von agilen Methoden in der Organisation

Verfestigen vom agilen Vorgehen durch agile Routinen (siehe Abschn. 2.3.1.1) gepaart mit Transparenz für alle Beteiligten darüber, was, wer, wo und warum macht.

- **Vorleben der Werte; insbesondere durch das Management**
  Dem Management kommt hier eine besondere Bedeutung zu, da eine Unternehmenskultur stark durch Vorbilder geprägt ist. Das Management muss die agilen Prinzipien verinnerlichen und leben. Hierzu zählt insbesondere auch eine respektvolle, direkte persönliche und offene Kommunikation und kein Einmischen in die Selbstorganisation der Teams.
- **Agile Fehlerkultur**
  Suchen nach Lösungen und nicht nach einem Sündenbock. Angst demotiviert und lähmt.
  Fehler sind nicht als „Fehlschläge" zu bewerten, sondern als eine „hilfreiche Erfahrung". Fehler sind aktiv zur Sprache zu bringen. Nur so wird ein gemeinsames Lernen ermöglicht.
- **Feedback-Kultur**
  Eine explizite Feedback-Kultur, in der kontinuierlich und z. B. an festen Meilensteinen wie z. B. Reviews und Retrospektiven Raum für Feedback und konstruktive Kritik geschaffen wird. Durch die Reflektion werden das Team und die Prozesse immer effektiver und effizienter.
- **Lebenslanges Lernen von Individuen und der Organisation**
  Empowerment der Mitarbeiter und aktiv gesteuerter Veränderungsprozess im Unternehmen.
- **Flache Hierarchie und kooperative Führung**
  Sozialkompetenz und dienende Führung (siehe Abschn. 2.4.1.6) stehen im Vordergrund. So räumt der Scrum-Master bei Scrum für das Team mögliche Hindernisse aus dem Weg. Die Führungskraft ist nah an der Basis. Daher sind die Hierarchien flach.
- **Verantwortung und Kompetenz**
  Bei der Festlegung der agilen Organisation und Rollen müssen klare Verantwortlichkeiten festgelegt werden und die erforderlichen Kompetenzen eingeräumt werden.
- **Dynamische späte Entscheidungen**
  Um die zwangsläufigen Änderungen zu beherrschen, ist es wichtig erst dann zu entscheiden, wenn es angebracht ist; nicht zu früh, aber auch nicht zu spät. Zu frühe Entscheidungen basieren gegebenenfalls auf Annahmen, die sich im Verlauf der Zeit verändern können.
  Wichtig ist es zudem, sehr aufmerksam auf mögliche Veränderungen zu achten. Mit der Zeit entwickeln sich bei den Führungskräften hierfür „Antennen".

▶ Beim Verankern von agilen Methoden muss man sich vom Hierarchie- und Rollendenken verabschieden.

Und was macht man, wenn diese Voraussetzungen nicht vorhanden sind?

Die Antwort ist hier relativ einfach: Sorgfältige Analyse der Ausgangslage und des Soll-Zustands und dann nach möglichen zum Teil sehr kleinen Schritten suchen. Beispiele für mögliche kleine erste Schritte:

- **Agile** Trainings und Coaching auf allen Organisationsebenen. Für das Management ist es besonders wichtig, um möglichst schnell für Entscheider agile Erfahrungen und Erfolge zu vermitteln. Ohne aktive Unterstützung vom Management ist es kaum möglich, agiles Vorgehen nachhaltig einzuführen.
  Coaching wird in der Regel eher für die Produkt-Owner und agile Teams eingesetzt. Hier können sowohl interne als auch externe erfahrene Coaches genutzt werden. Über Coaching können schnell Erfolge erzielt werden und vor allen Dingen wird dadurch gerade in unerfahrenen Teams vermieden, dass sich Fehler einschleifen.
- **Nutzung von agilen Methoden**, wie Scrum, **in begrenztem Umfang**, wie z. B. in Entwicklungsprojekten, eingebettet in hierarchische Organisationen (siehe Abschn. 5.1.1)
- **Veränderung von Stellenbeschreibungen und Zielvereinbarungen**, so dass das veränderte Rollenverständnis kein Lippenbekenntnis bleibt.
- **Kommunizieren und feiern von agilen Erfolgen**
  Hierdurch wird der Nutzen deutlicher sichtbar und das Team wächst zusammen.

Die Veränderung der Kultur ist häufig ein langdauernder Prozess. Hierzu müssen alte Strukturen in der Organisation aufgebrochen werden und eine Kultur des Vertrauens sowie von Mut, neue Dinge auszuprobieren, geschaffen werden.

Jeder Erfolg muss kommuniziert werden, um weitere Sponsoren für den Ausbau zu finden. Wichtig ist insbesondere der kontinuierliche und häufig sicherlich schwierige Veränderungsprozess des Rollenverständnis und der Erwartungen des Managements. Ziel ist es, möglichst schnell für Entscheider agile Erfahrungen und Erfolge zu vermitteln. Startpunkt ist die Erklärung des agilen Ansatzes und dessen Nutzen. Erst, wenn ein Entscheider selbst ein Gefühl für die Möglichkeiten hat, wird er diese auch nutzen. Dies hilft, Vorurteile abzubauen und den Nutzen aufzuzeigen.

Jeder Veränderungsprozess ist schwierig. Existenzängste, Angst vor Machtverlust oder andere Ängste und Widerstände sind zu überwinden. Viele Beteiligte sind in hohem Maße verunsichert. Von daher ist es sehr wichtig viel und persönlich zu kommunizieren, um allen Beteiligten Sicherheit zu geben. „Betroffene zu Beteiligten machen" ist hier ein schöner Leitsatz, um die Bereitschaft sich auf die Transformation einzulassen, zu steigern.

Durch kurze Veränderungsiterationen muss schrittweise die Transformation vorangebracht werden. Nach jeder Iteration wird überprüft, wo man aktuell steht und dann der nächste Schritt im Detail geplant und angegangen. Der Transformationsprozess ist so komplex, so dass es häufig vorab unmöglich ist einen Plan (über den ersten Schritt hinaus) zu erstellen. Die Auswirkungen der Veränderung lassen sich häufig nicht vorhersagen, da es „menschelt".

Agilität heißt mit Unberechenbarkeit und Komplexität umgehen, statt sie beherrschen zu wollen. Unvorhersehbare Ereignisse und Veränderung werden zum Normalfall und nicht zur Ausnahme. Vor jeder Entscheidung muss überprüft werden, ob vorab getroffene Annahmen oder Randbedingungen noch gelten.

5.2 Verankern von agilen Methoden in der Organisation

Die agile Organisationsstruktur muss sich auf das Unvorhersehbare vorbereiten. Ein Ansatz ist Holacracy (siehe Abschn. 5.1.2). Die agile Kultur ist aber für alle agile Organisationen essentiell. Während in hierarchisch geprägten Organisationen die informelle Kommunikation reduziert wurde, nimmt diese in agilen Organisationen wieder einen großen Raum ein. Ein hoher Grad von vernetzter Kommunikation ist erfolgsentscheidend; gerade bei stark reduzierten Vorgaben.

Agile Organisationen der Zukunft haben anders als hierarchische Organisationen eine organische oder zellartige Struktur. Sie bestehen durchgehend aus Teams, die hochgradig eigenverantwortlich und ohne klassische Führungskraft arbeiten. Der Kunde steht im Mittelpunkt. Es wird sich konsequent am Markt ausgerichtet. Interdisziplinäre Skills sind insbesondere bei Produkt-Ownern erforderlich, um die herausfordernden Aufgaben zu bewältigen.

Für die Selbstorganisation und Eigenverantwortlichkeit ist ein Rahmen aus Werten und Prinzipien sowie Routinen und gute Werkzeugunterstützung, wie z. B. Integrationsplattform, erforderlich. Zudem ist die interne Unterstützung durch die klassisch administrativen Bereiche, wie zum Beispiel Finanzbuchhaltung, Controlling, Personalwesen, nötig. Auch die Entlohnungssysteme ändern sich. Alle werden am Ergebnis und der weiteren Entwicklung des Unternehmens beteiligt.

Für die Verankerung vom agilen Vorgehen im Unternehmen ist aber insbesondere ein systematisches und schrittweises Vorgehen wichtig:

1. **Agile Strategie**
   Welche langfristigen Ziele werden verfolgt? Welche Anforderungen ergeben sich daraus für die verschiedenen fachlichen Domänen? Wo benötige ich überhaupt Agilität und in welcher Form? Welche fachlichen und nicht-funktionalen Fähigkeiten werden benötigt? Welche technische Capabilities? Welche Ziel-Bild und Leitplanken leiten sich daraus? Welche kurzfristigen Ziele?
2. **Reifegrad ermitteln**
   Welcher Reifegrad liegt vor?
   - Wie viele Sponsoren im Management gibt es? Wer? In welchen Bereichen?
   - Gibt es dokumentierte agile Werte und Prinzipien? Bin ich selbst und andere zu den agilen Werten und Prinzipien committet?
   - Stakeholder-Analyse: Welche Stakeholder muss ich noch überzeugen? Wer kann mich unterstützen? Wen muss ich schulen?
   - Gibt es Festlegungen über die verwendeten Methoden und Techniken? Sind Routinen, wie Daily-Scrum etabliert? Gibt es Erfahrungswerte: Was funktioniert gut und was nicht?
   - Sind agile Techniken und Methoden in den Planungs-, Entscheidungs- und Durchführungsprozessen verankert? Für welche Produkte und Projekte werden agile Methoden eingesetzt?
   Wie läuft das Zusammenspiel mit dem Kunden und mit dem IT-Betrieb?
   Werden agile Techniken nur im Softwareentwicklungsumfeld oder aber auch z. B. für die Releaseplanung oder die inhaltliche strategische Planung eingesetzt?

Wird agil geplant?
Welche Vertragsarten werden für Dienstleister genutzt? Nach Aufwand, zum Festpreis oder agiler Festpreis oder eine andere Art?
- Wie weit ist Continuous Delivery ausgeprägt? Gibt es eine Sammlung von Techniken und Tools für einen schnellen, wiederholbaren, zuverlässigen und risikoarmen Prozess für das Bauen, Testen und Ausliefern neuer Softwarereleases? Welche Teile sind noch verbesserungswürdig?
- Gibt es ein Steuerungsinstrumentarium, das den Status, Fortschritt und die Prognose inhaltlich und auch über den Umsetzungsstatus des agilen Wandels aufzeigt?
- Liegt ein Kommunikationsplan passend zum Reifegrad vor? In welcher Art und Weise kommuniziere ich mit wem? Wie kann ich möglichst viele Stakeholder erreichen?
- Sind die nächsten Maßnahmen klar? Gibt es hierfür ein Pilotprojekt? Sind die Ressourcen verfügbar?
- Welche agilen Skills gibt es gerade für Schlüsselrollen wir Produkt-Owner und Scrum-Master oder Kanban-Koordinator?
Wie sieht deren Kompetenz in agilen Methoden und in der Aufgabenstellung z. B. Softwareentwicklung aus?
- Wie ist die Kultur in dem relevanten Kontext? Offene Leistungskultur oder angstgeprägte Absicherungskultur? Wie sieht die Fehlerkultur aus?
3. **Maßnahmen zur Umsetzung ableiten**
Ist-Soll-Abgleich durchführen, Handlungsbedarf und Optimierungspotenziale identifizieren und zu Handlungsfeldern bündeln und diese priorisieren.
Bei der Analyse können die gleichen Dimensionen, die bei der Reifegrad-Bestimmung genutzt wurden, herangezogen werden. Wichtig sind zudem ein Kommunikationsplan passend zum Reifegrad, der regelt, in welcher Art und Weise mit wem interagiert und wie möglichst viele der relevanten Stakeholder erreicht werden können. Basis ist auch hierfür eine Stakeholder-Analyse.
4. **Initiieren des gesteuerten Veränderungsprozesses und der kontinuierlichen Verbesserung**
Schrittweise detaillierte Planung und Umsetzung der Maßnahmen sowie Überwachung des Status und des Fortschritts bei der Erreichung der Ziele.
Wichtig ist hier Durchhaltevermögen und vor allen die Kommunikation von Inhalten, Fortschritten und Erfolgen.

▶ Erfolgsfaktoren für die erfolgreiche Verankerung von Agile im Unternehmen

- **Offene Kommunikationskultur**
Enge Zusammenarbeit und Kommunikation zwischen allen Beteiligten ist erfolgsentscheidend.
Scheuen Sie sich auch nicht, auf Personen zuzugehen und Handlungsfelder sowie Verstöße gegen Regeln offen anzusprechen. Beispiele sind Eingriffe

5.2 Verankern von agilen Methoden in der Organisation

durch Linienvorgesetzte. In der Praxis ist es für viele Mitarbeiter schwierig, ihrem Vorgesetzten Feedback zu geben. Viele befürchten leider zurecht Repressalien; gerade in Organisationen mit einer angstgeprägten Absicherungskultur. Aber: Wehret den Anfängen!

- **Fokus auf Ergebnisse mit Kundenwert und „Fertig werden"**
  Die Auslieferungen müssen in kurzen Zeitspannen z. B. wenige Wochen erfolgen und spürbaren Nutzen für den Kunden bringen. Angemessenheit und Ergebnisorientierung sind ein Schlüssel für den Erfolg. Wichtig ist hierbei die Konzentration auf das Wesentliche.
- **Transparenz schaffen über Inhalte, Status und Fortschritt**
  Sichtbare Ergebnisse, die z. B. bei Reviews gezeigt werden, Transparenz über die Zuordnung der Aufgabenpakete z. B. über Kanban-Board sowie über Fortschritt über Burn-down-Diagramm motivieren und „beruhigen" das Management. Es gibt keine „Überraschungen".
- **Operationalisieren**
  Einführung von Routinen und formale Spielregeln sowie explizit vorgesehene Eskalationsmechanismen, bevor ein Verstoß eingetreten ist.
- **„Planning Game"**
  Die agile Planung (siehe Kap. 4) erfolgt sowohl auf taktischer als auch operativer Ebene und erfolgt kontinuierlich. Es wird nur so viel geplant, wie nötig. Je näher die Umsetzung desto genauer wird der Plan. Der Releaseplan sowie der Produkt-Backlog, als Grundlage für die Sprint-Planung, wird kontinuierlich an die veränderten Anforderungen und Randbedingungen angepasst. Neue Stakeholder und Fragestellungen sind in Ausbaustufen zu berücksichtigen.
  Wichtig: Hohe Umsetzungsgeschwindigkeit erforderlich!
- **Lean als Erfolgsfaktor**
  Die Prozesse müssen effizient und handhabbar gestaltet werden, damit der Nutzen die Aufwände übersteigt und spürbar wird. Siehe hierzu Abschn. 5.3. Dies gilt sowohl für die zwischenmenschlichen Prozesse als auch für ein idealerweise Continuous Delivery Instrumentarium (siehe Abschn. 2.4.3.1).
- **Mut zur Veränderung und aktive Steuerung des Veränderungsprozesses**
  Die Einführung eines gesteuerten Veränderungsprozesses mit explizitem Feedback-Prozess und kontinuierlichem Lernen sowie Fehlerkultur ist entscheidend für den Erfolg der agilen Transformation. Veränderung ist hierbei insbesondere im Rollenverständnis wichtig. Eine dienende Führung (siehe Abschn. 2.4.1.6) und partizipative und kollaborative Entscheidungsprozesse sowie Mut zu Entscheidungen revolutionieren eine Organisation. Jeder ist verantwortlich für das gesamte System. Die Veränderung beginnt im Kopf jedes Einzelnen:
  Getreu dem Zitat von Jimmy Dean: „I can't change the direction of the wind, but I can adjust my sails to always reach my destination."

Der Wandel von einer klassisch hierarchischen zu einer agilen Organisation muss in kleinen Schritten in einem gesteuerten Veränderungsprozess erfolgen. Die handelnden Menschen müssen den Wandel verstehen und sich damit identifizieren. Nur so werden sie ihn aktiv mitgestalten und – vor allem – mittragen. Die Einbeziehung aller Betroffenen und eine funktionierende Kommunikation sind essentiell; gerade bei hochgradig kreativen Prozessen, wie in der Softwareentwicklung. Wie bei jedem Veränderungsprozess menschelt es. Aussagen wie „Was hat der denn schon wieder?" oder „Ich weiß es aber besser." bleiben keine Seltenheit.

Jeder braucht ein anderes Maß an Freiheit und Sicherheit. Nicht alle können mit Freiheit umgehen. Gemeinsame Werte und Prinzipien, die allen bekannt sind, sind notwendig. Über Routinen, wie Daily-Scrum werden diese in der Organisation eingeschliffen. Wenn die Grundregeln beherrscht werden, entsteht Raum für Flexibilität, Kreativität und Innovation. Jeder muss im großen Ganzen denken. Ehrlichkeit, Vertrauen, Mut und Konsequenz sollten das tägliche Handeln bestimmen.

Besonders stark müssen sich klassische Führungskräfte umstellen und die neue Kultur vorleben. Sie müssen ihre Trägheit und Angst vor Machtverlust überwinden. Mitarbeiter müssen dahingegen wieder lernen, selber Entscheidungen zu treffen. In stark hierarchischen Organisationen haben Mitarbeiter gelernt, aufzuhören mitzudenken. Aussagen, wie „Sag mir, was ich machen soll.", sind nicht selten. Diese Widerstände sind zu überwinden. Verantwortungsübernahme, Kompetenz und Haltung sind die drei wesentlichen Eigenschaften der Menschen der neuen agilen Kultur.

5.3 Lean als Erfolgsvoraussetzung

Die Organisation und Prozesse müssen einfach, effizient und handhabbar gestaltet werden, damit der Nutzen die Aufwände übersteigt und spürbar wird. Eine schlanke kundenorientierte Organisation und Prozesse sind notwendig. Dies gilt sowohl für die zwischenmenschlichen Prozesse als auch idealerweise für ein Continuous Delivery Instrumentarium.

Lean ist eine Führungs- und Unternehmenskultur, um Kundenzufriedenheit, Wettbewerbsfähigkeit und Mitarbeitermotivation ganzheitlich und systematisch zu erreichen. Lean ist hier ein Schlüssel sowohl in Bezug auf Prozesse als auch Organisation und Werkzeugunterstützung, da nur so alle Aufgaben bewältigt werden können.

Der Lean-Gedanke ist dabei eine ebenso einfache wie geniale Idee. Kundenwertschöpfende Prozesse werden priorisiert und Verschwendung wird, wo auch immer möglich, vermieden („Werte schaffen ohne Verschwendung"). Auf der Basis einer offenen Leistungskultur basierend auf Vertrauen, Respekt, Toleranz, Fairness, Partizipation und Integrität werden mit Hilfe von Lean Prinzipien und Techniken Geschäftsprozesse und Organisation kontinuierlich und nachhaltig weiterentwickelt. In einem kontinuierlichen Verbesserungsprozess werden die Prozesse und Organisation kundenwertorientiert aufgestellt und Verschwendungen eliminiert. Wir nennen dies „Leanisieren" – „maximize customer value while minimizing waste" (siehe Abb. 5.3).

5.3 Lean als Erfolgsvoraussetzung

Abb. 5.3 Leanisieren (siehe [3])

Wesentlich ist neben der Kulturveränderung die Konzentration auf die für die Kunden-Wertschöpfung wesentlichen Aktivitäten, diese optimal aufeinander abzustimmen und jegliche Form von Verschwendung und Blindleistung zu vermeiden. Beispiele für „Verschwendungen" sind schlecht vorbereitete oder geführte Meetings, unnötige Formalien, lange mehrstufige Genehmigungsverfahren und unklare Verantwortlichkeiten und fehlende Entscheidungskompetenzen. Diese „kosten" viel Zeit, rauben die Motivation und die Energie der Schlüsselpersonen für Spitzenleistungen. Für die Suche und die Auflösung von Verschwendungen gibt es viele Techniken, wie die Suche nach Verschwendungen, die Wertstromanalyse oder die End-to-end Prozessanalyse. Hierzu sei auf [1] verwiesen.

Durch die Identifikation und Beseitigung von Verschwendungen werden Kosten reduziert. Dies schafft zudem den Freiraum, sich auf wertschöpfende Tätigkeiten zu konzentrieren. Durch eine kontinuierliche Verbesserung der Organisation, Prozesse, Werkzeugunterstützung, einhergehend mit einer Kulturveränderung in Richtung Lean Thinking, werden die Verschwendungen schrittweise beseitigt.

Beim Leanisieren werden schnell und systematisch Ansatzpunkte für die Verschlankung und die Erhöhung des Kundenwertbeitrags identifiziert, zielführende und handhabbare nachhaltige Lösungen aufgezeigt und geeignete Quick-win basierte Maßnahmen zur Umsetzung abgeleitet.

Die kontinuierliche Verbesserung erfolgt in einem PDCA-Kreislauf. Die wesentlichen Handlungsfelder, um den Kundenwert zu steigern oder Verschwendungen zu reduzieren, müssen konsequent und systematisch angegangen werden. Sie müssen

- erkannt, analysiert und priorisiert sowie die Veränderung konzipiert (Plan),
- pilotiert und erprobt (Do),

- das Ergebnis und dessen Auswirkungen genau überprüft (Check) und
- neue Geschäftsprozesse, Systeme und/oder organisatorische und Governance-Veränderungen vollzogen werden (Act).

Manchmal sind es nur kleine Schritte, manchmal aber auch drastische Einschnitte. Die Veränderung muss geplant und gesteuert werden. Nur wenn der Nutzen im Management, in den Fachbereichen und in der IT-Organisation selbst erkannt wird, sind die Investitionen für die nächsten Schritte argumentierbar. Die hohe Kunst besteht darin, die richtigen Schwerpunkte zu setzen, die Organisation und Prozesse passend dazu festzulegen und die Rahmenbedingungen für das Team zu schaffen.

Die wesentlichen Stoßrichtungen vom Leanisieren sind

- Kundenwert steigern und damit Kundenzufriedenheit erreichen und sich gegenüber dem Wettbewerb differenzieren („Das Richtige für den Kunden tun")
- Verschwendung eliminieren und durch Effizienzsteigerung Kosten einsparen und so die Basis für Profitabilität und Wettbewerbsfähigkeit legen
- Offene Leistungskultur herbeiführen und so die Innovationskraft stärken und die Mitarbeiter motivieren

Wesentlich ist, zu ermitteln, wo man steht, welche Ziele angestrebt werden und welche Schritte auf dem langen Change-Prozess in die Wege zu leiten sind.

Um Verschwendungen zu finden, müssen folgende Fragen beantwortet werden:

- Welchen *Ballast* gibt es in den Geschäftsprozessen oder der Organisation? Was ist wesentlich und wertschöpfend? Was ist unnötig oder überflüssig? Wie können die Durchlaufzeiten verringert werden? Wo gibt es Organisationsbrüche? Welche Formalien sind wirklich notwendig?
- *Nutzen durch Nutzung und klare Verantwortlichkeiten:*
  Gibt es für alle Ergebnisse auch Abnehmer? Wer nutzt welche Ergebnisse entlang welcher Prozesse wann und wie? Welcher Nutzen entsteht und wie ist das Aufwand-Nutzen-Verhältnis?
  Ist klar, woher der Input von Prozessen stammt? Wer liefert wann welchen Input für welche Prozesse entlang welcher Prozesse und auf welche Art und Weise? Sind die Verantwortlichkeiten klar?
  Welcher Nutzen entsteht und wie ist das Aufwand-Nutzen-Verhältnis?
  Wie ist die Verzahnung der Prozesse mit den anderen Planungs-, Entscheidungs- und Durchführungsprozessen? Welche Abhängigkeiten bestehen?
- *Potenzial für Organisationsoptimierung:*
  Wie schlank ist die Organisation? Wie flach sind die Hierarchien? Zentralisierung/Dezentralisierung?
  Wie groß ist das Maß an Eigenverantwortung der Mitarbeiter? Welche Vorgaben und Kontrollen gibt es für was? Sind die Verantwortlichkeiten und Kompetenzen klar?

5.3 Lean als Erfolgsvoraussetzung

Gibt es Teile, wo die lokalen Interessen der Verantwortlichen stärker wiegen als die Unternehmensinteressen?
- *„Null-Fehler"-Prinzip:*
Welche Pflege- und Qualitätssicherungsprozesse gibt es zur nachhaltigen Verbesserung der Datenqualität? Gibt es ein praktiziertes Risikomanagement?
Gibt es ein kontinuierliches Build und Deploy von Softwarepaketen einhergehend mit einer integrierten und automatisierten Werkzeugunterstützung in der Anwendungsentwicklung oder bei der Inbetriebnahme?

Eine offene Leistungskultur ist die Voraussetzung für Lean Management. Sie gibt Mitarbeitern Freiraum für Kreativität und stärkt so die Innovationskraft des Unternehmens. Zudem steigt die Mitarbeitermotivation.

Das Agile oder Lean Thinking hat besondere Bedeutung, da ohne diese Kulturänderung nur sehr schwer oder gar nicht Veränderungen herbeigeführt werden können. Das was hinter dem Lean-Gedanken steht, haben viele Manager noch nicht verstanden. Sie verändern die Organisation ohne Mitsprachemöglichkeit der Mitarbeiter, erweitern Führungsspannen, kürzen per Rasenmähermethode Budgets oder wenden organisatorische Konzepte oder Methoden von anderen Unternehmen ohne Anpassung an. Es fehlt häufig an Selbstreflektion und der Möglichkeit, für Mitarbeiter, Kompetenzen und Verantwortung für Aufgaben zu übernehmen. Die Manager wollen überall mitreden und alles im Griff behalten. So wird das Potenzial einer lernenden und offenen Leistungskultur verschenkt. Lean Thinking basiert aber auf einer offenen Leistungskultur mit Vertrauen, Respekt, Toleranz, Fairness, Partizipation und Integrität. Im Mittelpunkt steht der Mitarbeiter mit seiner praktischen Erfahrung, Lösungskompetenz und Prozessbeherrschung, da darauf die Lösungskompetenz und Prozessbeherrschung fußt. Klare Verantwortung anstatt genauer Vorgaben. Wichtig ist insbesondere auch ein Verständnis für die Sinnhaftigkeit von Standards und Regeln und die Bereitschaft, diese ggf. zu verändern sowie auch eigene Fehler zu kommunizieren. Wesentlich sind hier eine offene Kommunikation und Feedback-Prozesse und auch Eigenverantwortung, Teamarbeit und Empowerment. So können für die Kunden zufriedenstellende angemessene Lösungen oder Produkte wirtschaftlich bereitgestellt werden.

Null-Fehler-Prinzip
Wie ist die Offenheit für Fehler? Beim Null-Fehler-Prinzip ist es wichtig, dass es erlaubt ist, Fehler zu machen. Durch Selbstreflektion und Abstellen der Fehlerursachen lernen die Beteiligten. Gleichartige Fehler werden zukünftig vermieden. Voraussetzung ist jedoch eine offene Leistungskultur. Es ist wichtig, dass Fehler zu Tage treten dürfen und nicht verschwiegen oder vertuscht werden müssen, weil sie eine Offenbarung des Versagens sind. Wenn Versagens- oder Existenzängste mit Fehlern verbunden sind und Mitarbeiter im schlimmsten Falle befürchten müssen, als Schuldiger geopfert zu werden, funktioniert dieses Prinzip nicht.

Kontinuierliche Verbesserung
Die ständige Verbesserung bestimmt beim Lean Thinking das tägliche Denken. Ein aktives Feedbackmanagement und Lernprozesse sind neben überschaubaren beherrschten Schritten die wesentlichen Säulen der kontinuierlichen Verbesserung. Überschaubare, beherrschte Schritte sind notwendig, um schnell zu Ergebnissen zu kommen, für die Feedback eingeholt werden kann, und dann auf diesem sicheren Terrain das Erreichte über den nächsten Schritt weiter auszubauen. So nimmt einerseits die Gesamtumsetzungsgeschwindigkeit durch die schnellen, sicheren Schritte zu und andererseits steigt die Motivation durch den ständigen Fortschritt. So können die Geschäftsprozesse und die Organisation entsprechend des Feedbacks und der Erfahrungen kontinuierlich und agil optimiert werden. Feedback wird explizit zu jedem Ergebnis und jeder Aktivität eingeholt. Jeder Mitarbeiter muss einen Beitrag zur ständigen Verbesserung zielgerichtet auf die Umsetzung der Unternehmensstrategie und der Geschäftsanforderungen leisten. Die Führungskräfte benötigen Fingerspitzengefühl und einen langen Atem, um die traditionellen Denk- und Arbeitsstrukturen und die Kultur nachhaltig zu verändern. Hier sind wir dann schon beim Lean Thinking. Die ständige Verbesserung muss das tägliche Denken bestimmen.

Eigenverantwortung und persönliche Verpflichtung zu Qualität gepaart mit Lösungskompetenz und Fachwissen sind notwendig, um die wirklichen Anforderungen der Kunden zu ermitteln und für die Kunden zufriedenstellende, angemessene Lösungen oder Produkte wirtschaftlich bereitzustellen. Over-Engineering wird so vermieden und Qualitätsmanagement wird so von jedem Mitarbeiter als „Standardaufgabe" durchgeführt. Eigenverantwortung schafft darüber hinaus Freiraum für Innovationen und steigert die Mitarbeitermotivation. Aus dem Spaß an der Arbeit resultiert Mehrleistung für das Unternehmen und für deren Kunden.

Wesentlich sind hier das gesteuerte Veränderungsmanagement und agile Methoden und Techniken (siehe Kap. 2), um einerseits schrittweise die Kultur zu verändern und andererseits zuverlässig Quick-wins zu erzielen. Für weitere Informationen zu den Techniken sei auf [3] verwiesen.

Beispiele für Lean und Agile Leitplanken sind:

- „Respect for People"
  Menschen schaffen Werte. Behandle die Menschen mit Respekt. Das heißt insbesondere sorge dafür, dass kein Mitarbeiter überlastet ist. Halte Deine Verpflichtungen ein und unterstütze, wo immer Du kannst. Vertraue Deinem Kollegen, Mitarbeiter und Vorgesetzten.
- „Beseitige Arbeitsstaus"
  Nutze „Work in Programm Limitierung" und beseitige Behinderungen sowie dezentralisiere die Steuerung.
- „Ständige Verbesserung"
  Nutze Routinen, wie Retrospektive und explizite Feedback-Prozesse. Passe die Techniken und Prozesse entsprechend der Erkenntnisse unmittelbar an.

Lean ist eine Voraussetzung für die erfolgreiche Verankerung von Agile in der Organisation.

- Nutzen Sie Lean-Techniken, um schrittweise Ihre Prozesse und Organisation zu verschlanken und den Kundenwertbeitrag zu steigern.
- Initiieren Sie Feedback-orientierte Lern- und Veränderungsprozesse und verändern Sie Ihre Kultur in Richtung einer offener Leistungskultur („Agile und Lean Thinking").
- Lean ist der Schlüssel, um die IT-Komplexität zu beherrschen, wirksam die Weiterentwicklung zu planen und zu steuern sowie Partner oder sogar Enabler des Business zu werden. Durch „lean" wird dieses in Anbetracht der zunehmenden Herausforderungen erst realistisch leistbar.
- Schaffen Sie mit Leanisieren die Voraussetzungen für die agile Transformation.

Literatur

1. Hanschke I (2014) Lean IT-Management einfach & effektiv – Der Erfolgsfaktor für ein wirksames IT-Management, 1. Aufl. Hanser-Verlag, München
2. Robertson BJ (2016) Holacracy: ein revolutionäres Management-System für eine volatile Welt, 1. Aufl. Vahlen-Verlag, München
3. Hanschke I (2017) Digitalisierung und Industrie 4.0 einfach & effektiv, 1. Aufl. Hanser-Verlag, München

Glossar

Agile Kultur Eine agile Kultur ist eine offene Leistungskultur basierend auf Vertrauen, Respekt, Toleranz, Fairness, Partizipation und Integrität. Im Mittelpunkt steht der Mitarbeiter mit seiner praktischen Erfahrung und Lösungskompetenz, da darauf die Lösungskompetenz und Prozessbeherrschung fußt. Klare Verantwortung anstatt genauer Vorgaben. Wichtig ist insbesondere auch ein Verständnis für die Sinnhaftigkeit von Standards und Regeln und die Bereitschaft diese ggf. zu verändern sowie auch eigene Fehler zu kommunizieren.

Agilität Agilität ist die Fähigkeit sich auf alle Arten von Veränderungen einzustellen und Ziele, Inhalte, Organisation und Prozesse zeitgerecht anzupassen.

Agiler Festpreis Der agile Festpreis schafft eine vertragliche Grundlage und ein Verfahren für die Änderung von Anforderungen im Projektverlauf.

Akzeptanzkriterien Akzeptanzkriterien sind Bedingungen für die Abnahme einer User-Story. Erst, wenn alle Kriterien erfüllt sind, ist die User-Story fertig (siehe Definition-of-Done in siehe Abschn. 2.4.1.3). Sie bilden das Bindeglied zwischen User-Stories und Testfällen. In Akzeptanzkriterien werden sowohl Vorbedingung, auszuführende Testschritte, erwartetes Ergebnis, Nachbedingung als auch verwendete Testdaten dokumentiert.

Backlog Ein Backlog ist eine geordnete Auflistung von Anforderungen. Es wird kontinuierlich gepflegt. Anforderungen können unterschiedliche Granularität (Investitionsthema, Epic, Feature, User-Story) in Abhängigkeit von der Planungsebene haben. Es gibt unterschiedliche Arten von Backlogs. Ein **Produkt-Backlog** enthält die Anforderungen an ein Produkt. Ein **Sprint-Backlog** eines Scrum-Projektes enthält die im Sprint zu erledigenden Aufgaben. Es wird laufend von den Scrum-Teammitgliedern aktualisiert.

Backlog-Management Das Backlog-Management beinhaltet alle Aufgaben, um ein Backlog möglichst vollständig, systematisch und qualitativ hochwertig zu pflegen. Dies ist essentiell, um die Kundenziele wirklich zu erreichen.

Burn-Down-Chart Das Burn-Down-Chart dient zur Fortschrittskontrolle in agilen Projekten. Es visualisiert den noch verbleibenden Aufwand im Verhältnis zur verbleibenden Zeit. Es gibt Aufschluss über mögliche Abweichungen von der Planung.

Business-Analyse Business-Analyse ist die Tätigkeit zur Identifikation von Geschäftsanforderungen sowie Ableitung und Herbeiführung von fachlichen Lösungen, die Unternehmen helfen, ihre Ziele zu erreichen. Eine Lösung besteht oft in der Bereitstellung von IT-Komponenten, kann aber auch Prozessverbesserungen oder organisatorische Änderungen umfassen (siehe [1]).

Business-Analyst Business-Analysten sind die Hauptakteure im Demand Management. Sie nehmen Geschäftsanforderungen auf, strukturieren, klassifizieren, analysieren und bewerten sowie gestalten und planen die Umsetzungspakete wie z. B. Projektanträge oder Wartungsmaßnahmen. Business-Analysten fungieren als Brücke zwischen den Fachbereichen und der IT. Sie managen die Geschäftsanforderungen der Fachbereiche und übersetzen die Anforderungen in die jeweilige „Sprache". Zudem stellen sie sicher, dass die Geschäftsanforderungen wirklich umgesetzt werden. Siehe hierzu ([1]).

Continuous Delivery Continuous Delivery ist eine Sammlung von Techniken und Tools für einen schnellen, wiederholbaren, zuverlässigen und risikoarmen Prozess für das Bauen, Testen und Ausliefern neuer Softwarereleases. Continuous Delivery verbessert den Softwareauslieferungsprozess. Das Ausrollen von Software wird weitgehend über die Continuous-Delivery-Pipeline automatisiert. Regressionstests sowie automatisiertes Build und Deployment sind hier wesentliche Beispiele. Die Kette der Continuous-Delivery-Pipeline wird zu einer automatisierten Pipeline für jedes „Increment of Potentially Shippable Product". Das Einchecken jeder Änderung am Sourcecode im Versions- und Konfigurationsmanagement triggert die Continuous-Delivery-Pipeline.

Demand Management Das Demand Management ist die Disziplin für das Management der strategischen und operativen Geschäftsanforderungen. Es geht darum, im Zusammenspiel zwischen Business und IT, die Geschäftsanforderungen möglichst angemessen, kostengünstig und trotzdem tragfähig und zeitgerecht in den Geschäftsprozessen und in der IT-Unterstützung umzusetzen (siehe [1]).

DevOps DevOps ist ein zusammengesetztes Wort aus „Development", der Anwendungsentwicklung, und „Operation", der IT-Betrieb. DevOps ist ein Ansatzpunkt zur Verbesserung der Zusammenarbeit zwischen Anwendungsentwicklung und IT-Betrieb durch gemeinsame Anreize, Prinzipien, Prozesse und Werkzeuge. Hierbei soll sowohl die Qualität der Produkte als auch die Geschwindigkeit und Zuverlässigkeit der Inbetriebnahme verbessert werden. Time-to-Market und Releasezyklen sollen verkürzt und der Aufwand und die Kosten für die Inbetriebnahme und den Betrieb sollen reduziert werden. Betriebsstörungen sollen schnell beseitigt werden.

Definition-of-Done Eine Definition-of-Done – kurz DoD – ist eine mit den Umsetzungsverantwortlichen getroffene Vereinbarung zu Kriterien, die erfüllt werden müssen, damit eine Geschäftsanforderung als vollständig und korrekt umgesetzt gilt. Die DoD ist häufig in Form einer Checkliste gehalten. Beispiele für Bestandteile einer DoD sind „Implementierung inklusive Unit Tests ist im Versionierungssystem eingespielt",

„Code-Review wurde durchgeführt", „Benutzerdokumentation ist angepasst" oder „Integrationstest ist erfolgreich abgeschlossen".

Die DoD kann je nach Detaillierungsebene von Geschäftsanforderungen spezifisch ausgeprägt sein.

Minimal Viable Product Das Minimal Viable Product (MVP) ist die Lösung mit dem minimalen Funktionsumfang, der Wert für den Kunden darstellt. Das MVP ist der schnellstmögliche Weg ein Produkt zur Marktreife zu führen. Hierzu muss es möglichst einfach sein, dass es schnell entwickelt und bereitgestellt werden kann. Andererseits muss es aber hinreichend Funktionen bereitstellen und reif sein, um den Nutzern einen Eindruck vom zukünftigen Produkt und dessen Vorteilen zu bieten. Das minimale Produkt muss so konzipiert sein, dass es einen Mehrwert für die zukünftigen Nutzer liefert. Es muss „nützlich" („viable") sein. Der größte Hebel, um schnell auszuliefern, besteht darin, sich auf die wesentlichen Anforderungen zu fokussieren und die unwesentlichen zu verschieben (oder letztendlich dann aufzugeben).

Planung Planung ist ein systematisches Vorgehen zur Entwicklung eines Handlungsplans, um Ziele zu erreichen.

SMART „SMART":

- S – spezifisch.
- M – messbar.
- A – aktionsorientiert.
- R – realistisch.
- T – terminiert.

Servant Leadership Servant Leadership, die dienende Führung, ist eine Führungsphilosophie basierend auf Ideen von Robert K. Greenleaf (siehe [2]), in der Sozialkompetenz und Führung im Vordergrund steht.

User-Story Eine User-Story, eine Anwendererzählung, ist eine in der Alltagssprache formulierte und bewusst kurz gehaltene Beschreibung für eine Geschäftsanforderung. Eine User-Story folgt dem Muster „Als <Rolle> möchte ich <Ziel oder Anforderung>, um <daraus folgenden Nutzen zu ziehen>". Ein Beispiel für eine User-Story ist „Als Versicherungskunde von XYZ möchte ich online meine Versicherungsverträge einsehen können, um diese schnell prüfen zu können.".

Velocity Die Velocity gibt an, wie viele Story Points im Sprint umgesetzt werden können. Die Velocity ist der Durchschnitt über die Summe aller vom Team fertiggestellten Story Points pro Sprint. Die Velocity kann man dazu verwenden, um die geplante Fertigstellung und die erwartete Auslieferung von Features zu prognostizieren. Die Prognose wird mit zunehmender Zeit immer präziser.

Literatur

1. Hanschke I, Giesinger G, Goetze D (2015) Business-Analyse – einfach und effektiv, 2. Aufl. Hanser-Verlag, München
2. Greenleaf RK (2015) The Servant als Leader, 1. Aufl. The Greenleaf Center of Servant Leadership, Westfield

Stichwortverzeichnis

A
Absicherungskultur, angstgeprägte 101
Agile
    in verteilten Organisationen 107
    Kultur 101
    Methoden 3
    Planung 79
    Prinzipien 8
    Thinking 2
Agilität 123
Akzeptanzkriterien 43, 123
Anforderung, nichtfunktionale 97
Annahmen 86
Aufwand 89, 98
Aufwandsschätzung 95

B
Backlog
    Grooming 46
    Management 46, 75, 123
Burn-down-Chart 32, 124
Business-Analyse 61, 124
    Ziele 61

C
Continuous Delivery 47, 124
    Pipeline 48
Continuous Integration 30

D
Definition-of-Done 21, 89, 124
Demand Management 4, 59, 124
DevOps 49, 124

E
Entwicklung, testgetriebene 30

F
Festpreis, agiler 95, 123

H
High-level-Design 86

I
Impediment-Backlog 32
Increment of Potentially Shippable Functionality 40
Inkrement 96

K
Kanban 22
Komponentenmodell, fachliches 61, 86
Kultur, agile 101

L
Large-Scale-Scrum (LeSS) 18
LeSS. *Siehe* Large-Scale-Scrum

M
Methode, agile 3
Minimal Viable Product (MVP) 40, 44, 125
Moving Target 2, 64
MVP. *Siehe* Minimal Viable Product

N
Nutzen 98

P
Pair Programming 31
Planning
    Game 30
    Poker 30
Planung 79, 125
    agile 79
Planungs-Kick-off-Meeting 39
Prinzipien, agile 8
Produkt-Owner 53
Projektabwicklung 96
Prozessablauf-Diagramm 62
Prozesslandkarte 62

R
Refactoring 31
Releasezyklus 88
Rollforward statt Rollback 49

S
SAFe. *Siehe* Scaled Agile Framework
Scaled Agile Framework (SAFe) 18, 70

Scrum 9
Scrumban 29
Scrum-of-Scrums 17
Servant Leadership 125
SMART 79, 125
Stand-up Meeting 30
Story Map 44
Story Point 37, 46, 92
Strategiebeitrag 98
Swimlane-Diagramm 62

T
Test-driven-Development 48

U
Use-Case 61
User Journey 44
User-Story 42, 125

V
Velocity 39, 84, 125

W
Wertbeitrag 98

Ihr Bonus als Käufer dieses Buches

Als Käufer dieses Buches können Sie kostenlos das eBook zum Buch nutzen. Sie können es dauerhaft in Ihrem persönlichen, digitalen Bücherregal auf **springer.com** speichern oder auf Ihren PC/Tablet/eReader downloaden.

Gehen Sie bitte wie folgt vor:
1. Gehen Sie zu **springer.com/shop** und suchen Sie das vorliegende Buch (am schnellsten über die Eingabe der eISBN).
2. Legen Sie es in den Warenkorb und klicken Sie dann auf: **zum Einkaufswagen/zur Kasse.**
3. Geben Sie den untenstehenden Coupon ein. In der Bestellübersicht wird damit das eBook mit 0 Euro ausgewiesen, ist also kostenlos für Sie.
4. Gehen Sie weiter **zur Kasse** und schließen den Vorgang ab.
5. Sie können das eBook nun downloaden und auf einem Gerät Ihrer Wahl lesen. Das eBook bleibt dauerhaft in Ihrem digitalen Bücherregal gespeichert.

EBOOK INSIDE

eISBN 978-3-658-19158-0
Ihr persönlicher Coupon Ng3ez7dQycBtrTc

Sollte der Coupon fehlen oder nicht funktionieren, senden Sie uns bitte eine E-Mail mit dem Betreff: **eBook inside** an **customerservice@springer.com**.